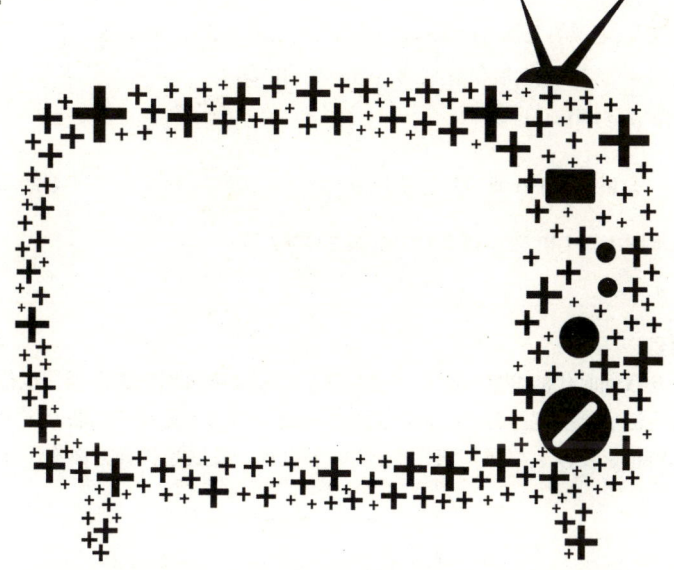

"互联网+"与文化发展研究系列丛书

互联网时代
电视的变革与迁徙

文化部"十三五"时期文化改革发展规划重大课题

萧盈盈 著

知识产权出版社
全国百佳图书出版单位

图书在版编目（CIP）数据

互联网时代：电视的变革与迁徙/萧盈盈著.—北京：知识产权出版社，2016.9
（"互联网+"与文化发展研究系列丛书/范周主编）
ISBN 978-7-5130-4512-4

Ⅰ.①互… Ⅱ.①萧… Ⅲ.①电视事业—发展—研究—中国 Ⅳ.①G229.2

中国版本图书馆CIP数据核字(2016)第237787号

内容提要

着眼于互联网时代的电视研究，不仅是从一个重要的侧面解读电视，也包含对这个时代、社会生活、价值观等各个层面的剖析。因此，本书主要从"互联网+电视"的背景、类型、特征、受众、发展对策、"互联网+电视"发展趋势等方面作了深入细致的研究。

责任编辑：李　婧　　　　　　　　　　　责任出版：刘译文

互联网时代：电视的变革与迁徙
HULIANWANG SHIDAI : DIANSHI DE BIANGE YU QIANXI

萧盈盈　著

出版发行：	知识产权出版社 有限责任公司	网　　址：	http://www.ipph.cn
电　　话：	010-82004826		http://www.laichushu.com
社　　址：	北京市海淀区西外太平庄55号	邮　　编：	100081
责编电话：	010-82000860转8594	责编邮箱：	549299101@qq.com
发行电话：	010-82000860转8101/8029	发行传真：	010-82000893/82003279
印　　刷：	保定市中画美凯印刷有限公司	经　　销：	各大网上书店、新华书店及相关书店
开　　本：	720mm×1000mm　1/16	印　　张：	15.25
版　　次：	2016年9月第1版	印　　次：	2016年9月第1次印刷
字　　数：	250千字	定　　价：	45.00元

ISBN 978-7-5130-4512-4

出版权专有　侵权必究
如有印装质量问题，本社负责调换。

自　序

　　1993 年，一个来自粤东地区的大学生，从深圳大学的计算机及应用专业毕业，成为一名在通信企业打工的普通白领。几年后，他邀约几个同伴创立了一家计算机公司。十几年时间里，这家叫作"腾讯"的公司成为中国最大的互联网企业，尤其是公司推出的一种叫作微信（WeChat）的移动互联网即时通信工具，以令人难以置信的速度席卷了全国，使大多数中国人真切地感受到信息时代是真的来到了我们身边。"马化腾"这个名字开始家喻户晓，随后，他向全国人大提出了将"互联网+"上升为国家战略的建议。2015 年，李克强总理将"'互联网+'行动计划"纳入《政府工作报告》，使之成为产业转型升级、创新驱动的国家发展战略，一个推动社会业态发生颠覆与变革的宏大命题也就此展开。

　　今天，互联网正在与各行各业跨界融合，其中包括电视产业。被誉为"当代第一媒体"的电视，千家万户曾经的"宠儿"，似乎正在不经意间被人们冷落，面临着被各种网络视频、微博、微信、"今日头条"、直播 App 等挤压生存空间的严峻局面。传统电视媒体人才退潮般地离去，大批受众的疏远，更加重了人们对电视未来的关注与困惑。在互联网新媒体的强烈冲击下，电视是否会逐渐退出人们的视野而走向消亡？或是以某种耳目一新的变革，拥抱和融入互联网，由此构建的新世界？电视业究竟会向何处迁徙？走向何方？这些问题的提出，使"互联网＋电视"这一命题有着很强的现实性和紧迫性，这也正是书中力求去研究、探讨与解读的问题。

尼葛洛庞帝在《数字化生存》这本书里说道："理解未来电视的关键，是不再把电视当电视看待。""互联网＋电视"不等于互联网电视，更不等同于网络视频或其他单一形态，它是在互联网自由、平等、开放精神的深刻影响下，整个电视行业从理念到思维模式的整体变革。

事实上，互联网与电视都是在现代科技发展的推动下出现的信息传播媒介，都具有传播速度快、覆盖面广、承载信息量大的媒介共性。信息时代的到来，从某种意义上说，是两者接力式的推动。信息传播是人类社会自古以来就存在，并随人类社会发展而不断发展变化的行为和过程。传播所包含的信息收集、整理、储存、加工、传递、接收、反馈等环节，对电视是如此，对互联网亦如此。在上述每一个信息传播的环节，我们都能找到两者的共性，也能清晰地看到两者的巨大差异。在对电视视听节目的传播上，内容生产所用到的仍然是视听语言，商业模式仍然是广告运作，接收终端的核心仍然是屏幕。同时，互联网以大数据采集去了解受众的偏好和习惯；将过去点对面的传播变为面对面的传播，将单向的传播变为双向的、开放的传播。每个人成为信息的发布者，每个人也都成为信息的接受者。这种平民化、自主化、普泛化的传播，尤其是异军突起的以个人方式追求话语权平等的自媒体，则是传统电视所不具备的。

然而，正像马化腾等人最初提出"互联网＋"的理念时曾多次说明的那样，"互联网＋"对传统产业不是颠覆，而是升级迭代。互联网对于电视业来说，也同样不是一场"从马车到汽车"的彻底颠覆，而是一种融合的创新与双赢。两者的受众、用户存在合二为一的广泛基础，传播的内容、形式乃至商业模式也基本相同，更重要的是两者生存和发展的社会需求和社会生态没有区别，处在"同一片蓝天下"。这些使我们看到了两者相融相加的可能性和可行性，又使我们去正视电视打通边界，求得变革与创新的攻坚方向。

正如本书中谈到的那样，互联网所带来的信息传播革命是一次史无前例的革命。它明确地表征了科学技术是第一生产力的内涵，科学技术正在改变着世界，"互联网+"同样在以前所未有的力度改变着世界，改变着社会的结构，改变着人们的生产方式和生活方式，改变着人们的价值观念和审美追求，也改变着我们的文化。虽然挑战与颠覆客观存在，但从某个角度上说，互联网或许又是呈现颓势的传统电视业态复苏求存的一缕亮光。在这样所向披靡的浪潮下，传统电视产业的涅槃与更新，就依托在这方兴未艾的互联网融合与变革之中。

2016年8月

目录

第一章 势不可挡的电视新时代

第一节 "互联网+"时代的来临 /003

一、"互联网+"大网络 /004

二、"互联网+"生活圈 /004

三、"互联网+"新经济 /006

第二节 媒体融合：重新定义电视 /009

一、思维融合："互联网+"大数据 /011

二、产业融合：重构自身 /011

三、技术融合：三网融合 /011

四、渠道融合：打造全媒体平台 /013

第三节 "电视的黄昏" /014

一、电视受众分流 /015

二、电视人才迁徙 /017

三、广告营收下降 /018

四、主流价值的失落 /019

第二章 "互联网+电视"的类型

第一节　边走边看：移动电视 /023

一、移动电视的发展 /024

二、移动电视的特征 /027

第二节　"你的电视机"：视频网站的兴起 /029

一、视频网站的发展 /030

二、视频网站对传统电视生态的冲击 /035

第三节　交互式网络电视：IPTV/039

一、IPTV 的发展 /039

二、IPTV：普通电视 + 机顶盒 + 宽带 /040

三、百视通 /042

第四节　"盒子"争夺客厅：OTT TV/044

一、OTT TV 的发展 /044

二、OTT TV 的几种模式 /047

三、小米盒子：用互联网思维做电视 /051

第三章 "互联网+电视"的特征

第一节　群体构建话语 /055

一、"草根阶层"的网络崛起 /056

二、"上传"的革命：从消费者到生产者 /057

三、逆向传播的新浪潮 /059

第二节　大数据时代 /060

一、广告精准投放 /061

二、大数据带来收视率变革 /064

三、"猜你喜欢"/065

第三节　多元互动 /067

一、多屏自由切换 /067

二、观众融入节目 /068

三、节目变形与对接 /070

四、电视的社交绑定 /070

第四节　用户为王 /073

一、"倾听你的声音" /074

二、"私人定制" /075

第五节　碎片化 /077

一、收看行为碎片化 /077

二、内容生产碎片化 /078

第四章　"互联网+"时代的电视内容生产

第一节　电视内容生产的变革 /083

一、当改变悄然发生 /083

二、内容生产适应播出平台 /084

三、节目边界模糊 /085

第二节　"互联网+"时代的节目内容特性 /087

一、《奇葩说》：一档真正的互联网式节目 /087

二、创作理念的进化 /088

第三节　"互联网+"时代的节目内容格局 /093

一、节目类型差异化 /093

二、节目诉求两极化 /104

三、文化价值多元化 /105

第四节　变革与新生 /107

一、粉丝经济 /107

二、跨媒体融合 /108

三、坚守底线 /109

第五章 "互联网+"时代的节目播出平台

第一节 电视的迁徙 /114
一、电视观众的大迁徙 /114

二、电视精英的出走 /115

三、广告投放的变化 /117

四、电视内容的反向输出 /118

第二节 平台之争 /120
一、电视台 /120

二、视频网站及互联网电视企业 /121

三、自媒体 /122

第三节 "TV+"：电视台的进化论 /124
一、独播战略 /124

二、芒果 TV：电视台网络平台建设 /127

三、App 之战：省级卫视的移动端拓展 /130

第四节 视频网站的逆袭 /133
一、自制战略 /133

二、"纯网综艺" /136

三、版权争夺战 /137

四、互联网巨头布局视频行业 /138

五、平台品牌的树立 /139

第五节 台网联动 /143
一、台网联动的必要性 /143

二、台网联动的几种模式 /144

三、"蒙面歌王"：台网联动新玩法 /145

第六章　"互联网+"时代的电视受众分析

第一节　"互联网+"时代的电视受众 /149

一、受众的分流与共享 /150

二、受众意识的变化 /151

第二节　"互联网+"时代我们怎样看电视 /153

一、互动：从单向传播到双向交流 /153

二、时间：从固定时间到碎片收看 /154

三、空间：从固定地点到边走边看 /155

四、分享：从家庭仪式到"个人+分享" /156

五、选择：从免费到会员付费制 /157

六、体验：从"看电视"到"玩电视" /159

七、营销：受众精准投放 /160

第三节　"互联网+"时代的受众战略 /161

一、丰富的优质资源吸引受众 /161

二、追求个性独特的创意 /162

三、满足受众需求，细化市场 /164

四、提供最优的受众体验 /165

第四节　大数据时代下的电视剧：《纸牌屋》 /166

一、用"大数据"算出《纸牌屋》 /166

二、《纸牌屋》的成功要素 /167

三、大数据时代下的网剧发展 /169

第五节　弹幕互动模式的兴起：哔哩哔哩 /172

一、弹幕是什么 /172

二、哔哩哔哩（Bilibili）与弹幕 /173

三、弹幕带来了什么 /174

第六节 受众视角融合开发新体验：《女神的新衣》/177

一、边看边买满足受众购物需求 /178

二、既能看得见，也能"购"得着 /179

三、打破电视局限，实现渠道与内容互联 /179

第七章 "互联网+"时代的电视终端

第一节 新生活：从单屏走向多屏 /183

一、客厅争夺战 /183

二、电视无处不在 /185

第二节 新体验：多屏时代的特征 /187

一、多屏联动 /188

二、云技术：一个账号万变多屏 /189

三、视频穿越：跨屏新玩法 /190

四、视屏合一 /191

五、鼠标土豆 /192

第三节 新挑战：多屏营销 /193

一、多屏营销时代的到来 /193

二、多屏营销的定位与策略 /195

第八章 理解未来电视

第一节 重塑电视行业生态 /200

一、市场主体 /200

二、盈利模式 /203

　　三、版权保护 /205

　　四、用户培养 /207

第二节　革新电视创作理念 /209

　　一、用户思维：我的电视我做主 /209

　　二、资源流动打破行业壁垒 /211

第三节　科技带来不一样的新体验 /215

　　一、你的生活，电视把关 /215

　　二、大道至简的硬件演变 /218

第四节　平台之上，深度互动 /221

　　一、通过内容广告实现互动链接 /221

　　二、"硬广+软广+事件"延长路径 /222

　　三、互动场景+扫码+"摇一摇" /222

　　四、开发 FansTV/223

主要参考资料 /225

　　后　记 /229

第一章

势不可挡的电视新时代

本章介绍了互联网时代电视行业的整体背景。一方面,"互联网+"给电视行业带来了难得的发展机遇,重塑了传统电视行业的生态,同时,也使电视行业遇到了前所未有的挑战:电视受众分流、电视人才迁徙、广告营收下降,主流价值的失落……电视媒体在来自四面八方的冲击和挑战中,正在走向一场凤凰涅槃式的变革。

随着互联网浪潮席卷全球，电视与视频行业的新时代也随之而来。2005年2月15日，YouTube注册成立，首次开创网络视频分享模式，用户可以上传、分享、观看视频。YouTube的创立开启了互联网与电视相连接的"新模式"，甚至网站的标志都与早期电视机的屏幕相仿。我国互联网经过30年的发展，在国内已经拥有6.49亿用户，渗透率达到47.9%，成为继蒸汽机和电力之后改变世界的第三次工业革命的重要力量。[1]当我们把电视行业放在这样一个宏大语境下思考时，就会发现其实互联网带来的革命性变化才刚刚开始。

第一节　"互联网+"时代的来临

　　互联网的发展，使得多终端、智能化、个性化还有互动化、大数据等一系列描述我们如今社会正在经历着的一些变化的词语，也都与传统电视

---

[1] 马化腾.互联网+国家战略行动路线图[M].北京：中信出版社，2015:2.

息息相关。而互联网信息化、网络化、全球化的发展趋势，一方面给电视行业带来难得的发展机遇，另一方面也使电视行业遇到了前所未有的挑战。

一、"互联网+"大网络

进入 21 世纪以来，互联网技术的发展已经成为全球发展的一个重要趋势，互联网不仅推动世界各国的经济发展，而且创造了新的经济形式，并极大地影响和改变着人们的社会生活方式。伴随着互联网的迅猛发展，各行各业在相关融合和共生中，构建起了当代科技、生活的"大网络"。

如今，这个网络已经迈入了"互联网+"的时代。2012 年 11 月 14 日，在易观第五届移动互联网博览会上，易观国际董事长兼首席执行官于扬先生首次提出"互联网+"的理念。2015 年 3 月 5 日第十二届全国人大第三次会议上，李克强总理在《政府工作报告》中首次提出"互联网+"行动计划。"互联网+"不仅仅是将互联网应用于某个传统行业，更是加入了无所不在的计算、数据，改变了我们的生产、工作、生活方式，也引领了创新驱动发展的"新常态"。[1]

二、"互联网+"生活圈

卡斯特在描述美国的互联网发展速度中曾说："互联网展现了有史以来最快速的沟通媒介穿透率，在美国，收音机广播花了 30 年才涵盖 6000 万人；电视在 15 年内达到了这种传播水准；全球信息网发展之后，互联

---

1 刘海霞."大数据+"下电视行业的发展路径[J].青年记者，2015（9）.

网只花了 3 年就达到了。"[1]

互联网作为一场全新的技术革命，对社会各领域产生了巨大的影响。在互联网浪潮中，"互联网+"正在全方位地向各个行业延伸，互联网以工业化时代前所未有的广度和深度，使社会各个行业之间的壁垒开始弱化，促进传统行业的换代升级。

2013 年，百度年广告收入首次超过中央电视台，而中央电视台作为中国最大的广告媒体被只有 15 年发展历史的互联网公司超越，这一历史性事件引起轩然大波，反映了"互联网+"与传统广告的深度融合。

2014 年，中国网络零售继续保持快速增长态势，规模已达到 2.79 万亿元，在社会消费品零售总额中的占比超过 10%。以阿里巴巴集团网络零售平台为例，以目前 40%—50% 的持续增长率和沃尔玛 2%—5% 的增速预计，2016 年淘宝网将超越沃尔玛，成为全球最大的零售平台。[2]而这一切，都要归功于互联网的发展。

互联网还悄无声息地改变着人们的生活方式，它几乎像空气、阳光一样成为我们生活中必不可少的元素。"网"与现实生活越来越近，我们的日常生活已经与互联网紧密绑定，余额宝、滴滴打车、网上挂号、扫码支付、手机外卖等便利服务，一个"互联网+"与传统行业融合产生的新世界出现在我们面前。[3]

站在"互联网+"的风口浪尖之上，各行各业都在进行着前所未有的创新与改造。从租房、租车、代驾、洗衣、餐饮到上门服务的家政、按摩、美妆等无所不包，"互联网+"正在重构人们的日常生活圈，以自己的方式改变着人们的社会生活习惯。

---

1 左伟.新媒体视阈下高校思想政治教育工作路径创新[J].湖北第二师范学院学报,2015(3).
2 阿里研究院.互联网+：从 IT 到 DT［M］.北京：机械工业出版社，2015:95.
3 石菲."互联网+"普惠民生［J］.中国信息化，2015（3）.

三、"互联网+"新经济

今天,"互联网+"已经被提炼成了一种经济形态,正如李克强总理曾说"站在'互联网+'的风口上顺势而为,会使中国经济飞起来"。随着移动互联网的兴起,各个行业纷纷开始打造自己的"互联网+"模式,这也是互联网对传统行业生产关系的重塑。[1]

互联网与制造业的融合,让工厂变得更加"聪明",让生产更加智能。作为最早步入互联网转型发展的家电业代表,海尔于2014年推出了"U+"智慧生活操作系统,并在沈阳冰箱工厂应用了"智能交互制作平台",前联研发、后联用户,通过整个生态价值链的贯通,实现用户、产品、机器、生产线之间的实时互联,让消费者在家就能通过互联网定制自己喜欢的冰箱。[2]

手机行业和电视行业也在互联网经济的新形势下进行了重新洗牌。2015年1月4日,小米科技掌门人雷军公开了小米在2014年的销售业绩:售出手机6112万部,比2013年增长了227%。小米在手机领域取得骄人成绩的同时,也开始拓展产业链,小米电视、小米盒子、小米路由器等都成为市场标杆。小米盒子更是成为目前最受欢迎的互联网机顶盒类产品之一,仅2015年11月11日当天,小米电视总销量就有6.6万台,总成交额2.47亿元;此外,小米盒子3"双十一"天在天猫首发,仅用时9分钟即宣告销量破万台,成为天猫平台销量最快破万的网络机顶盒,经过24小时热销,小米盒子3最终销量达8.1万台。

25年前,世界上第一个艺术品价格数据库与网络交易平台Artnet在美国成立,互联网的飞速发展,使得Artnet线上销售艺术品的利润以每年

---

[1] 曹磊,陈灿,郭勤贵,黄璜,卢彦.互联网+跨界与融合[M].北京:机械工业出版社,2015:128.

[2] 小聂.互联互通:智能设备效率高——来自海尔集团的报道[J].中国设备工程,2015(3).

20%的速度增长。[1]但是单纯的网络线上销售已经不能满足人们的需求。

2014年，"阿特姐夫"微拍群的成功运营激起了艺术品微拍的浪潮，"艺术拍""艺麦微拍群"等拍卖群纷纷登场并取得了较好的传播与市场效果。[2]

"hi小店"则是专营当代艺术品的电商平台，与微信拍卖不同，"hi小店"与线下实体店相结合，线上平台提供艺术品欣赏，线下实体店则把艺术品经营与咖啡店结合，为消费者提供艺术品的体验和购买。这种线上宣传、线下经营的O2O模式，通过互联网与实体画廊的深度结合，打造出迎合"互联网+"时代发展的艺术品电商品牌。[3]

在移动互联网的时代，越来越多的大型电商投入互联网"战场"之中，国美在线、苏宁易购纷纷进军艺术品市场，嘉德、保利也推出了移动客户端，亚马逊、淘宝网的App上线艺术品频道，而豆瓣、人人这种互联网企业也开始积极投身到艺术衍生品的开发中。[4]

伴随着新媒体技术和移动互联网的持续发展，音乐产业向电子商务领域的扩张日渐加速。音乐产业作为文化产业的一个重要分支，同样也是一种服务型产业，受到了互联网的青睐。很多歌手在发行唱片时，不再局限于实体店销售，开始利用互联网开辟一条全新的网络销售渠道，在互联网平台进行宣传、发行、销售等经营活动，同时推出相应的App应用版本，促进音乐产业线上、线下紧密结合。2014年8月2日，汪峰在鸟巢举办"峰暴来临"演唱会，就采取了"现场演出+付费直播"的O2O模式，观众可以购票在北京鸟巢体育场观看现场演出，也可以登录乐视网收看与现场同步的高清在线演唱会，当然，在乐视网观看演唱会支付只需30元即

---

[1] 孙行之.互联网+"时代，艺术品电商期待突破"天花板"[N].人民日报（海外版），2015-5-8.
[2] 唐诗.艺术品电商，站在风口等待起飞[J].世界知识画报（艺术视界），2014（10）.
[3] 唐诗.艺术品电商，站在风口等待起飞[J].世界知识画报（艺术视界），2014（10）.
[4] 唐诗.艺术品电商，站在风口等待起飞[J].世界知识画报（艺术视界），2014（10）.

可。这种"现场演出 + 付费直播"的方式以主办方和各大互联网平台、电商平台的合作为契机,在演唱会的宣传、推广、销售等方面开拓了新的渠道,可以让受众同时享受线上、线下体验,同时也推动演唱会盈利收入的增长。[1]

互联网的快速发展与普及,在很大程度上也改变了文化产业领域各行业的发展模式,踏上互联网的列车,广播影视业、出版业、艺术品业、演艺业、旅游业等纷纷出现了O2O模式,这是一场顺应潮流的变革。

---

[1] 佟雪娜,谢引风.O2O模式在我国音乐文化产业中的应用前景[J].东岳论丛,2014(11).

第二节 媒体融合：重新定义电视

传统行业与互联网的融合，催生了很多新的机会，大众创业、万众创新成为"互联网+"时代的新常态。[1]随着新媒体技术和互联网的日渐发展，传统媒体也势必会因为"互联网+"触发新的媒体融合与变革。互联网的兴起促进了媒体融合发展的进度，而媒体融合也是"互联网+"的体现。电视媒体作为传统媒体中的支柱力量，以"互联网+"行动计划为契机，全面开展"以我为主、为我所用"的媒体融合发展方式，将互联网思维融入传统电视媒体中，用媒体融合的力量贯彻电视行业的全业务、全流程，创新电视媒体的发展模式。[2]

2014年8月18日，习近平主持召开的中央全面深化改革领导小组第四次会议审议通过《关于推动传统媒体和新兴媒体融合发展的指导意见》，强调推动传统媒体与新兴媒体融合发展，要遵循新闻传播规律和新兴媒体发展规律，强化互联网思维，坚持传统媒体和新兴媒体优势互补、一体化发展，坚持以先进技术为支撑、以内容建设为根本，推动传统媒体和新兴

---

1 栾轶玫.传统媒体"互联网+"的N个追问[J].视听界，2015（5）.
2 李岚.互联网+：电视媒体融合发展新升级[J].声屏世界·广告人，2015（8）.

媒体在内容、渠道、平台、经营、管理等方面的深度融合。[1]这既为传统媒体和新兴媒体如何合作发展指明了方向,也为传统媒体和新兴媒体的融合发展指明了实施路径。毋庸置疑,传统媒体与新兴媒体融合发展已经渗透到社会各个领域,媒介融合时代已经来临。

传统媒体,相对于新媒体而言,是在互联网上展现曾经存在的媒介形态,例如,以纸质媒介作为载体和阅读终端的书报、杂志等以及曾经被认为是新媒体的广播、电影和电视,在互联网、移动互联网兴起之后,统称为传统媒体形态。[2]而新媒体,基于互联网、移动互联网兴起,通过数字介质作为载体和阅读终端的新媒体形态,主要表现为互联网、智能手机、微博和微信等,相对于书籍、报刊、广播、电影及电视等媒体形态属于新媒体形态。[3]

随着互联网和移动通信技术的发展,以手机报、手机电视、手机视频、手机App为代表的移动化媒体已迅速占领了如今的媒体格局。当前新媒体变得愈加碎片化,而新媒体之间的市场竞争也变得越来越激烈。新媒体也并非一成不变,它会随着网络与技术的不断发展而发生改变。正如清华大学熊澄宇教授所提到的那样,新媒体相对于旧媒体是不断创新和发展的,只要在网络基础上有延伸、与计算机有关的、有无线移动的问题的其他新媒体形态都可以称为是新媒体。[4]当前一个阶段,新媒体指代网络系统、信息技术相关的媒体形态、无线移动终端及服务等,未来会有更为先进的新媒体工具应运而生。[5]

从目前的传媒产业格局来看,传统媒体与新兴媒体最大的区别在于,传统媒体主要以"内容为王",而新兴媒体则以"服务为王"。对于传统媒体

---

1 李雪昆,赵新乐.《关于推动传统媒体和新兴媒体融合发展的指导意见》审议通过引业界关注——媒体深度融合热潮将至[N].中国新闻出版报,2014-8-20.
2 曹继东.传统媒体与新媒体的融合路径探究[J].出版广角,2014(11).
3 曹继东.传统媒体与新媒体的融合路径探究[J].出版广角,2014(11).
4 丁丽.媒介融合环境下新疆数字报业发展模式研究[D].北京:北京印刷学院,2015.
5 阚欣怡.传统媒体与新媒体的融合趋势之探索[J].新闻研究导刊,2015(1).

而言，想要与新兴媒体达到最大程度的融合，就要跳出传统媒体的惯性思维，充分利用新兴媒体这个"媒介平台"的特性，用互联网思维改造自身，甚至重构自身，才能在两者的融合发展中找到新的平衡点和着力点。

一、思维融合："互联网+"大数据

所谓互联网思维，就是塑造以用户为重心的理念，新兴媒体的"以用户为主，通过网络大数据分析，满足用户个性化、多元化、社交化、移动化的需求，为用户提供精准化服务"的理念是传统媒体所无法比拟的，也是传统媒体需要改造自身的关键。此外，传统媒体大都采用的是单向传播的模式，缺乏与用户的互动。但是互联网时代，需要围绕以用户为中心，提升用户的体验感、参与感，为用户提供量身打造的定制服务。

二、产业融合：重构自身

随着互联网的不断发展，用户对传播信息产生了极大的需求，传统媒体和新兴媒体之间的产业边界日渐模糊，两者之间"你中有我，我中有你"，媒体融合的产业环境不断成熟起来。[1] 为了提高自身的市场竞争力，传统媒体开始尝试通过数字化转型"融合"新兴媒体的渠道及终端优势，而新兴媒体也在积极吸纳传统媒体的内容资源来拓展自身，可见，传统媒体与新兴媒体的产业融合之路在不断地探索中前进着。

三、技术融合：三网融合

技术的发展推动了媒体的发展。数字技术、信息技术的发展推动新兴

---

[1] 曹继东. 传统媒体与新媒体的融合路径探究 [J]. 出版广角，2014（11）.

媒体的出现，而三网融合技术则推动了传统媒体与新兴媒体的技术平台融合。新兴媒体的技术终端能够承载和传播传统媒体的内容资源。随着三网融合的推进，技术已不再是限制媒体发展的制约条件，当然，也没有什么再能够阻挡互联网与传统行业融合发展的浪潮。

电视与互联网融合既是产业融合大势所趋，也是电视行业转型升级、自我救赎的绝佳机会。在 PC、平板电脑、智能手机的冲击下，电视在一段时间内已经被不少人特别是青年人所忽视，逐渐失去传统意义上的主导地位，而互联网、移动互联网的互交性、共享性、移动性等新的竞争优势是电视类传统媒体所不具备的。另外，介入电视的广播电视网络和移动通信网一样，不具有互联网增值能力。[1]

三网融合之后，电视的传统媒体特征将会被颠覆，电视与新兴媒体的融合，在传统电视基础上向着高清化、网络化、智能化的方向发展，可以说，互联网真正改变了电视。与传统电视媒体不同，智能电视与新媒体一样拥有交互性、共享性的 2.0 特征，已经完全进入到了新媒体的行列。

当然，不仅仅是媒体特征被颠覆，电视也会像当年的手机一样被重新定义。在过去很长一段时间内，电视是作为视频的定义者而存在的。视频是电视播出技术体系的核心环节，在电视机作为视频唯一接收终端的时代，对于受众来讲，看视频就是看电视，电视就是视频传播内涵和价值模式的定义者。试想一台接入互联网、拥有计算机一样的操作系统、可以下载应用程序、可触屏的智能电视还是电视吗？电视与互联网深度融合之后，智能电视与平板电脑之间的差异几乎被消除，这就意味着，电视又一次被重新定义的时代即将来临，电视与互联网的融合，催生了客厅娱乐终端的形成。

随着网络技术和电子技术的进步，智能产品的专业化成为不可抗拒的发展趋势。智能电视不会与平板电脑成为"同质化"产品，因为功能

---

[1] 薛金福，李忠玉. 互联网+：大融合与大变革[M]. 北京：中国经济出版社，2015：47.

的差异化才是电视媒体与新兴媒体融合之后生产的必要条件。未来的智能电视将会形成客厅娱乐终端的主导力量，突出客厅和娱乐；客厅意味着大屏、高清、难以移动以及拥有足够的社交空间，而娱乐则强调多人的交互共享。[1]

四、渠道融合：打造全媒体平台

随着技术和通信网络的快速发展，目前新媒体已经实现了"移动化"。用户只要通过智能手机或智能设备终端连接移动网或者无线网，就可以非常便捷地连接互联网，接收信息、发布信息。在媒介融合时代，传统媒体要充分利用技术的发展，开辟以移动化媒体为中心的核心圈，如手机报、手机电视等，打造全媒体平台。[2]

---

1 薛金福，李忠玉. 互联网+：大融合与大变革［M］. 北京：中国经济出版社，2015：47.
2 范晓影. 新媒体与传统媒体融合路径探析［J］. 中国报业，2015（5）.

第三节 "电视的黄昏"

从 1958 年，我国第一台 14 寸黑白电视机在天津诞生，到 20 世纪 80 年代，电视机在中国家庭中开始逐渐普及。在这长达 30 多年的时间里，电视机一直占据着家庭生活中的"标配"地位。特别是进入改革开放新时期后，电视产业真正进入快速发展的时代，电视普及率和电视媒体的影响力也得到极大的提高，我国迅速成为电视大国，而电视产业也得到了快速发展，并一直占据着"第一媒体"的地位。进入 21 世纪，伴随着网络技术和通信技术的发展，互联网逐渐成为人们日常生活的必备元素，越来越多的人开始从电视屏幕转向 PC 屏幕。

从最初互联网上可以在线播放豆腐块大小、模糊不清的视频开始，电视的新时代也逐渐到来。2005 年 2 月 15 日，YouTube 注册成立，首次开创网络上的视频分享，使用户可以上载、观看及分享视频或短片。YouTube 很快引来众多模仿者，随后中国的优酷、土豆等视频网站相继上线。互联网视频产生之初，整个电视行业对此不以为然，讥笑其为"小丑电视"。然而，过去 10 年，这种情况正在悄然发生变化：网络视频质量提升，业务形态迥异于以往，越来越多的观众开始转向网络视频。电视台、电视内容服务商、电视运营商作为传统媒介主宰的绝对权威地位开始动摇，人们不得不正视网络视频和互联网电视的挑战。[1]

一、电视受众分流

互联网对传统电视业的冲击，首先表现在受众的流失。终端的智能化正在改变用户的收视习惯，同时也加速了电视被颠覆的进程。

目前，电视开机率的下降已是不争的事实，曾有媒体报道，北京地区的电视开机率从2009年的70%下降至2012年的30%，且电视观看人群的年龄结构也开始出现"老龄化"趋势。年轻人拥有PC、平板电脑、智能手机等视听平台，拥有充分的选择自由，去选择那些具有更好的互动性的视听产品和平台。通过智能终端、互联网渠道收看网络视频正呈现快速增长的态势，不断和传统电视争抢观众的时间。

在大洋彼岸的美国，有线电视运营商也正在经历着电视用户不断流失的困境。美国付费电视运营商包括三个主要版块：有线电视运营商提供的有线电视服务，卫星电视运营商提供的卫星电视服务，电信运营商提供的IPTV服务。有线电视、卫星电视、交换式网络电视（IPTV）的市场份额基本上是5∶4∶1的格局，有线电视占据半壁江山。据统计，目前美国有线电视用户总量在5400万左右，占付费电视市场份额的54%，但近年来一直呈下降趋势，仅2013年一年就流失了近200万用户；卫星电视用户占34%，但是增速放缓，目前服务3400万用户；电信IPTV份额不大，一直缓慢增长，目前服务1100万用户，占11%。而与传统电视相反，互联网视频新业务则风生水起，除了耳熟能详的奈飞网（Netflix）、葫芦网（Hulu）、YouTube以外，电子商务公司亚马逊推出了Prime Instant Video，零售企业沃尔玛推出了Vudu，电信运营商威瑞森推出了Redbox，搜索巨头谷歌则推出了Android TV，苹果公司也在谋求好莱坞的优质内容资源。

---

[1] 尤文奎，胡泳. 在新媒体的冲击下，电视未来的八大转型［EB/OL］.（2014-9-3）［2015-9-21］. http://www.iydnews.com/3775.html.

美国视频新媒体的标杆奈飞网于 2010 年推出在线流媒体服务，到 2013 年 12 月其全球付费用户已经达到 4143 万，不到 4 年时间奈飞网的用户远超最大的有线电视运营商康卡斯特（Comcast）2300 万用户。美国另一互联网电视（OTT TV）服务提供商葫芦网 2010 年下半年推出付费服务 Hulu Plus，到 2013 年年底，3 年多时间发展了 500 万以上付费用户，收入达 10 亿美元。[1]

在中国，2013 年电视台广告收入 1302 亿元，仅比 2012 年增长 2.52%，收入增幅大幅下降了 11 个百分点，电视广告开始出现增长停滞的趋势。而互联网在线视频的市场规模仍保持高速增长，在线视频广告正成为电视广告的有力竞争者。据艾瑞统计，2010—2012 年 3 年间国内视频网站的广告额平均增长率远超行业水平，互联网行业的平均增长率为 41.4%，而视频网站则达到了 74.6%。2013 年全年，在线视频市场规模同比增长 41.9%。同样在 2013 年，国内有线电视用户数量增长缓慢，全国多数城市中心城区出现负增长。据格兰研究统计，截至 2013 年年底，我国有线电视用户 2.24 亿户，比 2012 年年底的 2.15 亿户仅增加了 900 万户，有线电视用户较 2012 年 6.14% 的增幅略有下降，是近 5 年来增幅的最低水平。与此同时，2013 年 OTT 机顶盒的销量高达 1000 万台，已经超出 2013 年全国有线电视用户 900 万的增量。[2]

早在 2007 年，在瑞士达沃斯世界经济论坛年会上，比尔·盖茨就曾表示，互联网将在 5 年内彻底变革传统电视产业。他认为，在线视频正在以它的灵活性受到越来越多受众的喜欢，相反，节目时段固定、时而插播广告的传统电视将被冷落。社会经济的飞速发展，使人们的工作、生活压力越来越大，休闲娱乐的时间趋向碎片化发展，而电视节目播出时间的固

---

[1] 尤文奎，胡泳. 在新媒体的冲击下，电视未来的八大转型［EB/OL］.（2014-9-3）［2015-9-21］. http://www.iydnews.com/3775.html.
[2] 尤文奎，胡泳. 在新媒体的冲击下，电视未来的八大转型［EB/OL］.（2014-9-3）［2015-9-21］. http://www.iydnews.com/3775.html.

定性、不可重复观看、单一性、不可定制性，都是诸多受众开始离开电视机转向 PC 的原因。另一方面，由于在我国，电视台播出节目受到国家相对严格的管控，而新媒体却有创作发布自己节目的优势，让受众观看内容的选择变得更加多元和自由。尤其是视频网站"我的电视我做主"的特性，迅速受到了大众的欢迎，并在很短时间内抢走了电视机的一大批年轻受众，且有逐渐向中老年受众渗透的趋势。

二、电视人才迁徙

在"互联网+"的浪潮下，电视业正在进行着深刻的变革，电视人才的流向也经历着 20 世纪 80 年代以来最大的变化。2015 年年初，《中国好声音》掌门人夏陈安请辞浙江广播电视集团工作职务，在电视业界引起轩然大波，而中央电视台作为中国第一大传统电视媒体，也面临着人才流失的困境。新闻频道主持人张泉灵于 2015 年 9 月辞职，进入创业投资领域；《天下足球》主持人刘建宏 2014 年 8 月离开央视，担任乐视体育首席内容官；崔永元、李咏在离职后进入中国传媒大学任教；综艺节目主持人马东在 2012 年 9 月离开央视后进入互联网企业，在爱奇艺担任首席内容官。央视名嘴或自主创业，或转战互联网行业，使传媒业内的"电视业走向终结""电视业的黄昏已近"等悲鸣之声愈演愈烈。电视人纷纷离职，直接导致电视台的节目创意能力、执行能力等创作环节受到重挫，也导致部分电视台出现空心化的现象。人才的流失、空心化的电视台，使得一些电视台开始放下身段，与民营媒体机构展开合作，谋求共赢发展。

民营媒体机构中，不得不提的是星空传媒旗下的灿星制作。灿星制作是美国新闻集团旗下星空传媒之频道星空卫视进入中国时成立的制作公司，在经过重组后，灿星制作与中央电视台、东方卫视、浙江卫视等国内一线媒体合作，出现了中国电视产业多元一体的新局面。灿星制作引进、独立制作、与电视机构合作制作的节目有《中国好声音》《中国达人秀》

《舞林争霸》《娱乐梦工厂》《舞出我人生》《中国好功夫》等一大批优质节目。电视台在与灿星这类公司合作过程中，除了拥有巨大的平台优势外，并没有扮演创意型的核心角色，在产业链中也难以获得品牌冠名、广告分成等产业链延伸的更多利润。[1] 这也是因为在传统电视台中，很多管理、创意、策划方面的人才纷纷辞职，或投入民营媒体的怀抱，或投入互联网企业。民营媒体机构与互联网企业最大的共同点是二者不局限于传统思维，从节目创意、制作、运营等各环节都紧密与互联网结合，运用互联网思维，从市场的需求角度出发，能最大限度地发挥电视从业人员的主观能动性和创意性，有利于电视节目的创新和持续发展。[2]

三、广告营收下降

根据互动广告局（IAB）发布的数据显示，2013 年美国网络广告收入达到 428 亿美元，同比增长 17%，2013 年美国网络广告首度超过了广播电视的广告收入。[3] 据相关资料显示，2011—2014 年，虽然电视广告稳居国内广告市场首位，但是互联网广告的市场规模则超过了传统纸质媒体的广告规模，位于国内广告市场的第二位，并保持着持续高速增长的态势。CTR 媒介智讯监测数据显示，2014 年传统媒体广告市场出现负增长，电视广告下降了 0.5%。这是近年来少有的现象，但是由于互联网的介入，以后将会成为一种新常态。2015 年第一季度，传统媒体广告总体下跌了 4.7%，其中电视广告同比下跌 2.9%。[4]

互联网媒体的蓬勃发展为互联网广告提供了良好的市场环境，近些

---

1 王雄.电视"新常态"：压力下的创新思维[J].视听界，2015（2）.
2 项仲平，刘静晨.论网络电视对传统电视的冲击[J].当代传播，2010（2）.
3 袁玲.新媒体冲击下电视去哪儿[J].新闻研究导刊，2015（7）.
4 王建军.详解SMG"互联网+"时代大战略[EB/OL].（2015-6-9）[2015-9-24].http://chuansong.me/n/1446404.

年，互联网广告呈现出几何式增长态势，也正是由于新兴媒体的快速发展，传统电视用户不断流失，这也导致了电视广告营收下降和市场规模减少。互联网的广告形式多样丰富，由原来简单的旗帜广告逐步发展为赞助广告、插播广告、电子邮件、网上商店、商业服务链接等多种类型的广告形式。[1]尤其是网络技术的发展，使得 flash 广告和 javascript 广告成为新宠，因其制作画面精美，内容形象生动而得到用户的喜爱并流行起来。而且互联网广告的播出不受电视台各种播出条件的限制，因而越来越多的广告商将目光移向了互联网平台。

2014 年 8 月，上海东方传媒集团有限公司（SMG）旗下百视通收购艾德思奇，百视通（BesTV）+ 艾德思奇（adSage）= 最好的广告（BestAD）。[2]至此，SMG 推出并发布了国内首款全平台电视广告实时竞价系统，将电视资源在竞价系统上进行"拍卖"。目前，主要针对一些从未投放过电视广告的新行业客户，引导新品广告投放电视平台。互联网思维在电视广告运用的意义就在于让广告更加有效。[3]

四、主流价值的失落

传统电视媒体的节目选题与制作受到限制较多，并在节目价值观、节目内容、播出的数量和时间上有严格的要求。[4]这些节目以主流意识形态的表达为主，往往具有一定的说教色彩，很多节目缺乏娱乐性和创新性，在价值观日益多元化的互联网时代，传统电视媒体尤其是主流媒体也面临受众流失的压力。

互联网的发展，带来了全新的媒体发展趋势，增强了新媒体节目的表

---

1 张战天."互联网 +"时代从网络技术看网络广告的发展［J］.艺海，2015（8）.
2 SMG 李逸的"互联网 +"突围［J］.声屏世界·广告人，2015（6）.
3 SMG 李逸的"互联网 +"突围［J］.声屏世界·广告人，2015（6）.
4 项仲平，刘静晨.论网络电视对传统电视的冲击［J］.当代传播，2010（2）.

现力以及娱乐性，使节目内容更加丰富。网络电视节目在制作与市场运作方面更具自由与多元性，节目娱乐性强且观点表达能够相对自由，而仅仅"自由表达"这一点就赢得了更多的年轻受众。以中央电视台为例，央视作为我国传统电视媒体的翘楚，几十年来遥遥领先于其他电视台，但也使其节目形式、创作理念以及话语方式首当其冲受到来自网络的攻击，与网络文化结伴而来的自由平等开放的精神，与传统电视台的主流价值观形成了巨大的反差，使作为国家舆论导向代表的传统电视媒体主力面临前所未有的尴尬处境。

网络媒体的发展，可谓是一把双刃剑，特别在传播信息、传播价值观的过程中有着传统媒体不可比拟的优势。对于年轻人而言，网络文化的精神时刻影响着他们的价值观念，随着移动互联网的普及，人人都可以是记者、人人都可以是评论员的观念，"以我为中心"的价值观，极大地冲击了传统媒体的话语体系，对主流价值观的传播构成了冲击。

随着时间的流逝，媒体很难永葆其竞争力，但每一种媒体都具有其他媒体所不具备的独特性。由于技术发展的必然性，使得传统电视媒体从过去时代里的"新媒体"逐渐演变成"旧媒体"。互联网的兴起是信息技术发展的时代体现，而互联网对传统电视所造成的冲击已经形成，随着网络技术的不断发展，互联网对电视的冲击会不断加剧。新媒体环境虽然改变了传统电视媒体一家独大的现象，但是我们也要看到，互联网也从一个侧面拓展了传统电视媒体的生存空间。对于传统电视媒体而言，唯有正视互联网的冲击和影响，并对这种冲击加以利用，做到优势互补、借鉴融合，才会赢得更多的发展机会。正如专家所言，电视媒体正在进行一场轰轰烈烈的生态式改革，正在完成电视媒体的凤凰涅槃。[1]

---

1 李岚.互联网+：电视媒体融合发展新升级［J］.声屏世界·广告人，2015（8）.

第二章

"互联网+电视"的类型

互联网的发展，使电视的边界越来越模糊，媒体的形态呈现出多元化特点。在这章中，讨论了包括移动电视、IPTV、视频网站、互联网电视（OTT TV）在内的几种当下主要的新媒体形态。

随着"互联网+"时代的到来，电视与互联网融合产生了多种不同的形态，既能够适应人们随时随地观看视频的需求，也推动了电视业全方位的迁徙、变革与重构。

第一节　边走边看：移动电视

基于互联网和新技术支撑体系下的新媒体，在大众传播媒体中占据着越来越重要的地位。新媒体的发展促使传统媒体的形态呈现出多元化特点，移动电视就是在互联网影响下出现的新媒体形式之一。移动电视是采用数字广播技术（主要指地面传输技术）播出，接收终端既可以是安装在公交汽车、地铁、城铁、出租车、商务车和其他公共场所的电视系统，同时也可以是手持接收设备（如手机、笔记本、PMP、超便携PC）等能够满足移动人群收视需求的电视系统。[1]本部分主要分析第一类移动电视，它们

1　谢欣，张静力.移动电视技术应用解析［J］.卫星电视与宽带多媒体，2007（6）.

也被称为交通媒体。

移动电视将户外媒体与电视媒体相结合，平台皆位于城市的公共空间中，经过十多年的发展，已经成为一种新型的大众传播媒介。目前移动电视播出的节目包括新闻、休闲、资讯三大类，为人们传播具有现代化和地域化特征的都市文化。播出的节目基本以三五分钟为一档，通过碎片化拼贴的新闻和广告，为人们的短途路程提供娱乐服务。

一、移动电视的发展

1998年2月，新加坡在城市公交车上开始了地面数字移动电视的试验，开公交移动电视之先河。随后，日、韩、英、美、法、西班牙、挪威等国家相继开始拓展公交移动电视领域。2000年，我国开始在上海、北京、深圳3个城市进行地面数字移动电视试验，上海市广播电视研究所开发了全国首套公交数字移动电视系统。2003年1月1日，上海东方明珠移动电视正式开播，成为我国内地第一个公交移动电视频道。2004年5月，北广传媒移动电视公司开始在公交车和地铁上试行移动电视。[1]

移动电视媒体经过十多年的发展，已经形成了不同类型的商业模式，由于乘客的流动性，移动电视媒体几乎全天处于收视黄金时段，尤其是早晚上下班时段，填补了传统电视媒体收视时段的空白。就空间来说，交通工具的封闭性，使得观众无法对媒体进行选择，因而他们在观看移动电视播出的节目内容时注意力较为集中，也就保证了移动电视的传播效果。可以说，移动电视在某种程度上对传统电视媒体产生了划时代的意义，因为它所具有的传播范围广、传播速度快的特点极大地弥补了传统电视的弱点，同时，也以其广泛性、时效性、强制性等传播优势成为电视产业的一

---

[1] 郭曦阳.我国公交移动电视产业发展的问题研究——以湖北世通华纳为例[J].当代电视，2013（2）.

个新的经济增长点。[1]

根据交通载体的不同，移动电视包括公交移动电视、列车移动电视、航空移动电视、地铁移动电视等多种不同形态。

1. 公交移动电视

移动公交电视的雏形就是车体广告，最早研发的移动公交电视由于受到当时技术条件的限制，在车厢内安装硬盘或光盘的播放系统，由公交服务人员定时更换播放内容，这就造成早期的公交移动电视工作量大、人力成本高、播出效果差、开机率低。随着数字地面广播技术的普遍应用，现在，只需要在移动公交电视中安装接收装置，就能够实现节目内容的同步传输与同步接收播放，信号稳定性有了明显提高。[2]通信技术和网络技术的进步，也同时促进了公交移动电视的出现和发展。公交移动电视通过越来越丰富的表现手段，开始呈现出多元化的表现形式，也更多地受到了乘客的关注。

公交移动电视具有覆盖范围广泛、移动性灵活的特点，随着移动电视技术的发展，无论公交车是在行驶状态，还是在停止状态，都可以保持一个理想化的收看状态和收看效果，保持电视画面的清晰度和稳定性，这种边行边看的特点，极大地满足了现代城市人们快节奏生活以及对信息的需求。[3]

2. 列车移动电视

铁路客运是中国最主要的交通工具之一，数据显示，铁路旅客乘坐列车平均达 15 个小时，每次乘车平均花费 2.8 小时看移动电视，并且有强烈的观看意愿，收视率高达 81.2%。2004 年以来，铁路系统陆续在一些特快、直达列车的餐车、硬卧和软卧车厢里开通"火车电视"，播放电视节目和商业广告。最近几年，随着高铁线路在各地迅速开通，高铁车厢也配备了

1　熊波. 新媒体时代中国电视产业发展研究［D］. 武汉：武汉大学，2013.
2　熊波. 新媒体时代中国电视产业发展研究［D］. 武汉：武汉大学，2013.
3　张潇. 公交移动电视对城市形象的塑造研究［D］. 兰州：西北师范大学，2012.

移动电视。[1]

与公交移动电视不同，列车移动电视由于铁路系统的高度行政化管理，使其具有较强的行业垄断性，而公交移动电视具有区域市场的垄断性。目前的铁路列车移动电视，主要是采用在列车上的影碟机或者服务器上播放，节目更新慢。接收电视节目方面，主要采用直接接收电视台的信号，收视效果一般，同时尚未解决隧道屏蔽等问题。

中铁亿品传媒公司于2005年5月成立，成立之后建立了列车移动多媒体信息服务平台，同时与全国18个铁路局合作，成为国内目前最大的铁路移动电视运营商。

3. 航空移动电视

航空移动电视以传播商业广告为主，播放对象为机舱内的乘客以及候机楼等公共场所的人员。但由于航空飞行对安全性要求很高，因此，机舱内的航空移动电视只能采取闭路播放。当然，随着卫星通信技术的发展，未来在机舱内采取卫星数字线路播放也是极有可能的。

航美传媒是我国最大的航空移动电视传播公司。航美传媒在经营过程中形成了比较成熟的营销体系。基于对航空旅客生活形态的深入研究，航美传媒将移动电视密集地放置在机场人流密集区和旅客停留区，如候机大厅、安检区、登机区、行李区、到达大厅等，确保从旅客进入出发地机场、登机再到整个飞行过程，直至离开目的地机场，全过程都被移动电视所覆盖。除此之外，航美传媒还以"愉悦您的旅程"为核心经营理念，通过提供丰富的节目内容为旅客创造轻松的旅行感受。移动电视播出设备也由最初的机载电视和户外大屏幕，逐步开发出数码刷屏、数码联屏等多元化移动电视形态，极大地提升了整体视觉冲击力和传播效果。[2]

1　熊波. 新媒体时代中国电视产业发展研究［D］. 武汉：武汉大学，2013.
2　熊波. 新媒体时代中国电视产业发展研究［D］. 武汉：武汉大学，2013.

4.地铁移动电视

城市轨道交通客流量大、人流密集、出行较为规律,随着各个城市地铁轨道交通建设工程的推进,会有越来越多的地铁交通路线投入运营,地铁移动电视也将拥有广阔的市场空间。尤其是在大城市,上下班通勤时间较长,地铁移动电视成为上班族们通勤中的重要信息来源。

二、移动电视的特征

1."碎片化"传播

传播碎片化、受众碎片化、媒介碎片化已成为信息时代社会传播呈现的显著特点。[1]而移动电视的"碎片化"传播,主要表现在传播的时间、内容、受众以及媒介本身的碎片化。

传播受众的碎片化在城市的公共空间中表现得尤为明显。在城市公共空间的流动人群,时间和空间都被分割,乘坐公共交通工具的人员在不同的时间、不同的空间中获得可视化信息,移动电视就是为解决受众的信息需求应运而生的。移动电视媒体为受众提供一个个三五分钟简短的节目档内容,并不断重复播放,在满足受众在行程或旅途中即时信息和娱乐休闲需求的同时,也填补了传统电视的空白。此外,地铁、公交等电视节目较为注重画面及字幕的信息含量,因为有声传播的效果相对较弱。

2.服务性内容主导

在移动电视的产业链上,居于核心地位的是运营商,主要是因为运营商手中掌握着负责基础网络建设和运营、投资购买移动电视媒体设备、安装架设、节目采购集成、广告播出等主动权;传输平台则只对日常节目播出负责,能够确保内容播出无误和内容播出的相对质量即可;而在传统电视领域中占据绝对主导地位的内容供应商在移动电视产业链上的重要性大

---

[1] 中国传媒大学广告研究所.新媒体激变[M].北京:中信出版社,2008:31-41.

打折扣，其主要负责节目制作生产和供应数量，对节目品质的要求相对较低；设备提供商则主要为运营商提供地面数字电视的传输和接收终端设备。

显而易见，广告收入是移动电视经营过程中的主要资金来源，通过市场调查和受众分析，能够很容易实现精准定位，找到最适宜的广告主，通过商务洽谈促成合作，最终为运营商提供广告中介服务。移动电视所面对的受众主要是乘坐公交车、地铁、列车、飞机以及停留在车站、火车站、候机楼的乘客，在一个相对封闭的空间内，移动电视对乘客群体具有很强的吸引力，乘客群体可以借助移动电视广告打发漫长的出行时间。从这个意义上来说，移动电视是广告主比较青睐的平台，毕竟它所具备的强制性和不间断性是传统电视所不具备的特殊价值。

移动电视媒体被认为是地面数字电视的一种商业应用模式。因此，它的产业链中包含了传统电视的部分环节，但又有别于传统意义上的电视，比如广告商与运营商的关系更为直接和紧密，在节目构成上可以大批重播商业广告，甚至以播放商业广告为主，影视节目内容输出为辅。此外，内容供应商更注重服务功能，站名提示、天气预报、交通指南、导购信息都是节目内容的重要组成部分。

3. 受众人群差异化

移动电视根据不同的移动媒体在传播效果和受众人群上的差异，其节目形式和内容也存在着较大差异。以目前的城市中常见的交通出行方式为例，地铁和公交的受众人群有着明显的差异，长途列车和航空的受众人群也不尽相同。相比较而言，地铁受众多为白领、公司职员，他们是对时效性要求更高的人群，因此，主要用于推广能够给生活带来便利的产品广告以及时尚节目等内容。而公交车的受众群体中则是城市居民，中老年占据了较大的份额，因此，生活服务类节目是主打的节目类型。航空电视的受众人群主要是商务人群，广告节目多为高端知名品牌广告，播出的节目也以电影、音乐等为主。

第二节 "你的电视机":视频网站的兴起

2005年2月,YouTube创建成立,原意为"你的电视机",成为全球最早的在线视频网站。YouTube内容包括12类,即艺术动画、运载工具、喜剧短片、娱乐消遣、音乐欣赏、博客社区、人类言行、宠物动物、科学技术、体育运动、旅游名胜、网络游戏。[1] YouTube是世界上浏览人数最多的共享视频短片的网站。2006年10月,谷歌以价值16.5亿美元的股票收购了YouTube网站。2009年1月,YouTube网站与谷歌联合推出了一系列新服务,不断尝试与电视媒体的融合,不断增加视频内容,大力发展网络视频直播,提供视频内容的电视下载,将网络视频之争的战火蔓延到电视屏幕上。[2]

随着移动互联网时代的到来,电视节目逐渐从电视收看过渡到以PC、智能手机、平板电脑多屏观看为主,视频网站也受到更多人的青睐。根据中国互联网络信息中心(CNNIC)发布的《第36次中国互联网络发展状况统计报告》显示,截至2015年6月,中国网络视频用户规模达4.61亿人,较2014年年底增加了2823万人,网络视频用户使用率为69.1%,比2014

---
1 周根红.美国视频网站YouTube的竞争策略[J].中国传媒科技,2009(5).
2 何煜.美国视频网站YouTube与电视的融合之道[J].中国记者,2011(3).

年年底上升了 2.3 个百分点。其中，手机视频用户规模为 3.54 亿人，与 2014 年底相比增长了 4154 万人，增长率为 13.3%。网民使用率为 59.7%，相比 2014 年底增长了 3.5 个百分点。手机端视频用户占总体的 76.8%，比 2014 年年底提升了 4.6 个百分点，移动视频用户的增长依然是网络视频行业用户规模增长的主要推动力量。视频网站的兴起，通过与社交网络的无缝对接，对传统电视媒体形成了巨大的挑战。

一、视频网站的发展

网络视频的产生，使得互联网从"文字时代"走向"视频时代"，影像逐渐成为网民生活、娱乐、教育的主要方式，而静态、单一的文字表现逐渐向着动态、丰富的视频过渡，用户的观看方式也发生着改变。[1] 网络电视是相对于电视媒体自建网站而言的以一种更新的方式通过互联网来传播电视节目内容的传播平台。[2] 用户可以在家中使用 PC、平板、智能手机等享受网络电视服务。

网络视频在我国的兴起源于 2006 年，这一年被称作网络视频元年。在网络视频兴起之前，人们基本上通过电视机收看视频节目。随着网络传输速度的提升、带宽扩大、流媒体技术的应用，视频网站应运而生，它使得视频信息传播终端由电视机转向电脑、手机等终端设备。视频网站是让互联网用户在线流畅发布、浏览和分享视频作品的平台。[3]

从 2006 年网络视频开始起步，到如今视频网络的突飞猛进，10 年的发展时间中，网络视频逐渐产生了以电视剧、综艺等节目为主的视频网站、以用户生产内容为主的视频分享网站及网络视频客户端。目前，我

---

1 何样. 以爱奇艺为例研究网络视频营销模式[D]. 西安：西北大学, 2013.
2 谭天, 林籽舟, 张甜甜. "一体两翼"：电视媒体与新兴媒体融合策略选择[J]. 中国广播电视学刊, 2015（2）.
3 刘慧芬, 沈鹤. 互联网二十年：中国电视媒体的转型发展[J]. 南京邮电大学学报（社会科学版）, 2014（4）.

国的视频网站按照平台运营商可以分为门户类视频网站（新浪视频、搜狐视频），视频分享类网站（优酷土豆），电视机构类网站（CNTV、芒果TV），网络电视类网站（PPTV）。[1]

1. 新浪视频

2004年年底，伴随着网络视频刚刚在世界范围内兴起，新浪视频依托信息技术和互联网的发展，成立了新浪宽频，也就是新浪视频的前身。2006年，作为门户网站的第一个视频分享平台——新浪播客成立，经过两年多的发展，2009年，新浪播客和新浪宽频合并，至此，中国门户网站中的第一个视频网站——新浪视频成立。[2]

新浪视频主要包括新浪播客分享、新浪电视、新浪演播室三个核心平台，新浪播客分享就是网民互动平台，它能够为中国的视频爱好者和创作者们以及影视机构提供视频发布和分享平台；而新浪电视则是一个实时直播平台，与电视机一样，网友可以在线收看全国26家卫视、35家地方频道的精彩节目；新浪演播室则依托于互联网第一门户平台"新浪网"，除固定播出的原创节目外，每周打造十数场直播访谈，将新浪网的一些重要嘉宾邀请到演播室，为网友提供与嘉宾面对面交流的机会。

此外，新浪视频还发展了拍客联盟、原创联盟等版块，拍客联盟指在全国31个省市自治区内的5000多名网友可以在拍客联盟的平台上随时报道自己所在地区正在发生的新鲜事，既包括突发事故现场，也包括重大新闻事件等内容。原创联盟是在新浪视频网站的团队中，有草根导演、网络红人、视频爱好者等原创视频作者，他们将自己或身边的故事拍成视频短片发布到网站上，以引起社会关注。人们所熟悉的筷子兄弟就是通过新浪视频这一平台进入大众视野的。

2008年5月12日，汶川发生8.0级地震，地震发生后仅1个小时，新

---
[1] 刘慧芬，沈鹤. 互联网二十年：中国电视媒体的转型发展[J]. 南京邮电大学学报（社会科学版），2014（4）.
[2] 中国视频网站发展研究课题组. 视频网站品牌影响力排名[J]. 传媒，2014（6）.

浪拍客上传了第一个地震视频，成为最早记录灾区情况的珍贵影像，虽然这一段摇晃的画面只有几分钟，但在中央电视台《新闻调查》《经济半小时》、北京卫视、东方卫视、浙江卫视、江苏卫视等多家电视台纷纷引用，《中国青年报》《北京晚报》等多家报纸也转载报道。地震期间，新浪视频先后推出 3000 段拍客记录视频，累计观看人数超过 4700 万，确立了新浪视频在网络视频发展初期的市场地位。

2. 优酷土豆

优酷是中国第一视频分享网站，于 2006 年成立，以"快者为王"为产品理念，注重用户体验，凭借"快速播放、快速发布、快速搜索"的产品特性，充分满足用户日益增长的互动需求及多元化视频体验，成为中国互联网领域最具影响力、最受用户喜爱的视频媒体之一。同时，优酷还是唯一一家获得"信息网络传播视听节目许可证"和"广播电视节目制作许可证"（简称"广电双证"）的商业网站，成为正版影视节目发行、传播、营销的合法平台。优酷网于美国东部时间 2010 年 12 月 8 日，成功在纽约证券交易所挂牌上市。

土豆网是中国最早和最具影响力的网络视频平台，是中国网络视频行业的领军品牌，土豆网 2005 年 4 月正式上线，是全球最早上线的视频网站之一。土豆网提出尊重每个人的个性，尊重每个人自主地选择自己的生活，提出了"每个人都是生活的导演"的口号，迅速赢得了人们的支持。2014 年，"土豆网"正式更名为"土豆"，标志着土豆网进入品牌发展的新阶段。

2012 年 3 月 12 日，优酷股份有限公司和土豆股份有限公司共同宣布，优酷和土豆将以 100% 换股的方式合并。2013 年，优酷土豆集团宣布进入"集团 BU 化"运营阶段，提出了"优酷更优酷，土豆更土豆"的发展战略。[1] 至此，优酷土豆拥有了庞大的用户群、多元化的内容资源和强大的

---

1 中国视频网站发展研究课题组. 视频网站品牌影响力排名[J]. 传媒，2014（6）.

技术平台优势，能够为用户提供最全、最多样的内容，满足用户日益增长的互动需求及多元化的视频体验。优酷土豆已覆盖PC、电视、移动三大终端，兼具影视、综艺和资讯三大内容形态，贯通视频内容制作、播出、发行三大环节，成为真正意义上的互联网媒体平台。

3. 中国网络电视台

中央电视台是迄今中国最大的电视节目制作机构和播出机构，每天播出的频道有40余个，是世界上电视频道数量最多的电视台；年播出的节目总量超过26万小时，平均每天700多个小时，自制节目的比例达到75%。中央电视台拥有的正版节目的数据库版权已经超过了130万小时，中国网络电视台建设的国家网络视频数据库正是依托中央电视台丰富的内容资源的优势，加以地方电视台的节目和网民上传的节目和日渐增加的网络原创内容。目前，国家网络视频数据库日均节目的制作能力达到了9000条、1000个小时，视频数据库的存量已经超过107万条，我们在网上提供149路电视频道的网络直播、1920个电视栏目的点播服务，是国内最大的正版节目数据库和电视的直播以及栏目的点播平台。

2013年，中国网络电视台制定了以新闻为核心和重点的台网融合、创新发展以及面向移动互联网的"一云多屏、全球传播"的发展策略，并将此作为中央电视台全媒体发展战略的重要组成部分，以推动中央电视台全媒体传播体系建设和格局的形成。"一云多屏"体系的建设，使得所有的影视节目都可以通过首尾的终端进行传播和互动，每一个用户都可以通过自己的账号来收看影视节目，并且可以实现随时随地的互动，使TV无处不在。[1]国家网络视频数据库与已建设完成的网络电视、IP电视、互联网电视、手机电视和移动电视集成播控平台以及全球网络视频的分发体系，一起构建了中国网络电视台的"一云多屏、全球传播"体系。

这一体系的构建有效地提升了媒体的传播能力，在近几年的央视春晚

---

1 新时代，媒体的自信与自省——"电视与新媒体创新论坛"纪要[J].电视研究,2013(8).

报道中,通过"一云多屏、全球传播"体系,展开了全平台、多终端、多语种的视频、图文互动地传播,形成了全媒体报道的格局。在2013年除夕当晚,春晚从开播到结束,4个多小时的时间里面,共有4603万海内外独立用户通过中国网络电视台观看了春晚,其中来自海外的用户占17%,也就是说达到了800万用户,覆盖全球210多个国家和地区,实现了春晚传播效果的最大化。

中国网络电视台(CNTV)客户端使用多种语言面向全球提供中国电视节目的直播和点播服务,用户遍布亚洲、欧洲、北美等近百个国家和地区。[1]其在亚洲、澳洲等地区苹果在线应用商店里面,长期保持着下载排行榜前10名的位置,在欧洲地区也跻身下载排行榜的前50位。[2]在路透社评选的2010年年度体育最佳图片之中,有一张时任俄罗斯总统的梅德韦杰夫用iPad观看世界杯的图片入选。这是在G8峰会期间,梅德韦杰夫忙里偷闲关注世界杯比赛。有意思的是,从图片中我们可以看到,梅德韦杰夫观看世界杯的转播信号来自于中国网络电视台的客户端。

目前,中国网络电视台已经初步构建了新媒体的基础平台,正在积极推进新媒体的内容建设和终端建设。在终端方面,先后与乐视超级电视、小米盒子、华录、海信、TCL等多家智能电视机以及机顶盒厂商开展了多维度的合作,并积极地探索自有品牌终端的建设。

4. 爱奇艺

爱奇艺,于2010年4月正式上线,2011年11月宣布品牌升级,启动"爱奇艺"品牌并推出全新标志。爱奇艺坚持"用户体验"的理念,通过技术与产品创新,不断为用户提供清晰、流畅的观映体验。爱奇艺将自己定位为"正版的、免费的、高清的娱乐化播放平台",因此,爱奇艺在内容生产方面专注于娱乐,希望通过娱乐性的内容得到用户的

---

1 刘笑盈. 扩渠道、增内容、强效果——2012年电视国际传播综述[J]. 电视研究,2013(4).
2 胡占凡. 推动台网深度融合,打造新型主流媒体[J]. 新闻战线,2014(9).

关注。[1] 2013年5月，百度收购PPS视频业务，并与爱奇艺进行合并。2014年11月29日晚，百度爱奇艺推出一档网络脱口秀节目《奇葩说》，节目上线后仅两小时，总播放量突破百万。[2]

经过几年的发展，爱奇艺已经成为互联网视频平台的领头羊，其电影、电视剧、综艺、动漫、纪录片等各种类型的节目内容越来越丰富，视频画面质量也越来越清晰，尤其是"纯网综艺"概念的提出和大批原创综艺节目的推出，使其成为目前视频网站中的标杆企业。打着"爱奇艺出品"的网络自制节目，似乎也标志着网络视频进入了真正意义上的"全类别、高品质"时代，将互联网视频内容推上了一个新的高峰。

作为最早布局"云+端"模式的视频网站，爱奇艺率先在业内启动"一云多屏、多屏合一"的发展战略，实施全平台布局，全面覆盖电视端、PC端、移动端，满足用户多屏观看的体验需求。更是依托百度强大的搜索数据资源，以"SWS"模式（Search—Watch—Share）为核心竞争力，推出了"蒲公英"计划和"一搜百映"精准广告产品，为广告客户提供了视频行业最大规模的投放平台和领先业界的视频营销服务。

二、视频网站对传统电视生态的冲击

在互联网普及、智能手机、平板电脑和无线网络持续发展的背景下，电视剧已经从电视机单屏收看过渡到了电脑、平板、手机等多屏观看的时代。[3]而互联网带来的改变，不仅仅是多屏观看视频，还有着更多深远的影响，比如播出平台的多样化、播出内容的丰富性等。自2013年的韩剧《来

---

1 李翔.视频网站专业内容生产特色研究——以爱奇艺和凤凰视频为例[J].新闻界，2013（19）.
2 徐智鹏，阎亮."自拍模式"已启动——从百度爱奇艺看视频网站的影视发展之路[J].当代电影，2015（1）.
3 彭妍妍.从电视看剧到多屏看剧——网络视频对传统电视生态系统的冲击[J].南方电视学刊，2014（2）.

自星星的你》播出以来，韩流又一次以所向披靡的热度席卷了大江南北，而很多人注意到，这部《来自星星的你》并不是由传统电视台播出的，而是一部完全由视频网站独播的电视剧。

1. 播出内容丰富，盈利方式多样

电视媒体作为传统媒体，其基本属性是党和政府的宣传喉舌，其播出内容受到相对严格的管控与限制，缺乏自主性与灵活性。而视频网站则不同，由于互联网的传播特性，使得视频网站在播出内容的选择、播出方式、播出时长、广告投放等方面都有着更为广阔的空间。

随着网络视频的发展成熟，其传播内容也日渐丰富起来，从以前的重复播出电视台热播剧，到与电视台同步播出，再到完全独立播出网络独播剧和自制综艺节目，互联网正悄无声息地与电视台抢夺着观众资源。

近几年，电视占广告播出方式及时间受到了较大的限制，也使得更多的广告商把目光投向了网络视频这片新的天地。视频网站播出内容丰富多样，除了台播剧之外，还有自制剧、自制综艺、独有的海外电视节目内容，相比传统电视台，视频网站丰富的资源为其带来了巨大的市场，也带来了巨大的盈利空间。尤其是视频网站可以基于用户的搜索记录和大数据分析，挖掘用户需求，细化广告推送受众，既让广告商欢喜，也让用户满意。经过10年的发展探索，视频网站的盈利方式初步成形，除了横幅广告、贴片广告、植入广告等传统方式外，还有收费点播、网络游戏、自制剧等途径。[1]

2. 播出方式自由，收看方式自主

因为网络视频播出平台的多样化，观众收看视频可以"随时随地"，可以"我的电视我做主"，智能手机、平板的发展让网络视频的观看更加方便。随着城市生活节奏的不断加快，人们的收视习惯也在慢慢改变着。高强度的工作压力、拥堵的交通，当人们拖着疲惫的身躯回到家中时，定

---

[1] 彭妍妍. 从电视看剧到多屏看剧——网络视频对传统电视生态系统的冲击 [J]. 南方电视学刊，2014（2）.

时守在电视机前收看电视节目不再是他们唯一的选择，而视频网站的存储、下载、随时播放、点播的方式更能迎合现代都市人的收视习惯。尤其是近几年来非常流行的周播剧，一周两集或四集，一集45—60分钟，播放时长不会给繁忙的工作之余造成负担，还能自由选择观看时间。大部分日韩剧、欧美剧均采取了这种播出方式。周播形式既满足了观众在工作之际能即时收看电视，也使观众对未来的剧情发展产生期待，很大程度上保持了观众对剧集的"忠诚"，也带来了很好的广告效果。

3. 大容量资源，多元化选择

互联网视频就像一个海量的资源库，由于采用了数字压缩技术，使得互联网能够比传统有线电视网容纳更多的视频节目。视频网站的内容不仅仅局限于传统的由影视机构制作发行的电影、电视剧、电视节目等，还包括了由网民自行制作发布的视频，[1]也包括一些互联网机构和视频网站机构联合自制的网络自制剧。

传统电视机由于本身信号覆盖范围、播出时间、频道定位等因素限制，不可能把多种类型的节目同时向受众播放，但是视频网站则可以通过超链接的形式或者片库的形式，把各种类型的节目内容放在一起，供受众选择。如新浪网的视频网页可以同时出现数十条视频新闻，而且可以通过搜索的方式查找以前的视频内容，方便网民随时点击收看。[2]这种多元化选择的体验也是传统电视目前不能完全满足的。

4. 大数据引导节目制作，社交网络无缝对接

网络视频的另一个核心优势是，受众的搜索、观看、点击等行为能够为网站提供真实可靠的数据来源，通过对数据的整合分析，可以精准地辨别观众对节目类型的偏好和收视习惯，能够为视频制作与发布提供最有力

---

[1] 李青. 三网融合与多屏合一环境下的网络视频传播研究［N］. 企业导报，2012（22）.
[2] 李青. 三网融合与多屏合一环境下的网络视频传播研究［N］. 企业导报，2012（22）.

的指导。[1]

  大部分韩剧、美剧采用周播的方式，就是依据观众反映和大数据信息边拍边播。美剧《纸牌屋》就是大数据成功应用的典范。从播出第一季《纸牌屋》时，观众的每一次搜索、收看、暂停、快进、回放、评论等所有碎片化的行为，都被视频网站后台收集，整合分析，也正因如此，奈飞网方能精准地进行受众定位，做出观众最想看也风靡全球的电视剧。

  视频网站还有一个优势就在于能够与社交网络紧密连接，网络视频和社交网络通过互联网平台完美互动，吸引了更多的受众。很多人愿意一边看视频，一边与网友互动吐槽，或者同时把精彩的节目分享给其他大众。根据调查，越来越多的人愿意收看在微博或其他社交网络中大家推荐的节目。当然，电视节目利用社交网络做宣传营销也不再是什么新鲜事了。以2012年独霸各大卫视的电视剧《甄嬛传》为例，在开播之前，不仅开通了官方微博，并且定期更新拍摄情况，时不时晒几张精美剧照或拍戏时的片花，引发观众的期待，成功吸引了更多微博用户的关注，各种"表情包"、角色语录在朋友圈广为传播，甚至连中国台湾、中国香港、马来西亚等地都引发热议，这也成为国产剧利用社交网络营销的成功案例。

---

1 彭妍妍.从电视看剧到多屏看剧——网络视频对传统电视生态系统的冲击[J].南方电视学刊，2014（2）.

第三节 交互式网络电视：IPTV

交互式网络电视（Internet Protocol Television，IPTV），是指利用宽带有线电视网，集互联网、多媒体、通信等技术于一体，向家庭用户提供包括数字电视在内的多种交互式服务的技术。[1]

一、IPTV 的发展

1999 年，英国 Video Networks 公司推出了全球第一个 IPTV 业务。2003 年，香港电讯盈科推出 IPTV 业务，命名为 now 宽带电视。[2]

2005 年，我国开始了最早的 IPTV 业务，国家广播电影电视总局给上海文广新局颁发了第一张 IPTV 牌照，代表着 IPTV 开始起步。2010 年 7 月 1 日，国务院办公厅公布了第一批三网融合试点地区（城市）名单：北京市、大连市、哈尔滨市、上海市、南京市、杭州市、厦门市、青岛市、武汉市、湖南省长株潭地区、深圳市、绵阳市，共计 12 个。在这样的政策环境推动下，各省市开始大力发展 IPTV 业务。至此，用户在家可以用两

---

1 赵阳.交互式网络电视发展探析［J］.青年记者，2013（9）.
2 王闻昕.IPTV：让电视广告精准互动［J］.广告大观（综合版），2011（7）.

种方式来享受 IPTV 业务——计算机和网络机顶盒 + 电视。[1]

当前，IPTV 的发展逐渐成型，从上海百视通开始，各个城市的 IPTV 都在探索中走出了适合自己发展的道路。比如，江苏 IPTV 采用与央视平台合作的方式，通过电信传输，将央视本地的优势资源整合传播。广东 IPTV 采用与各内容方合作，集合各内容提供商的资源，通过电信传输。浙江 IPTV 联合浙江华数，打造内容平台。

目前，IPTV 的发展依赖于电信运营商，只要家庭内安装了电信宽带，就可以通过机顶盒收看 IPTV，从而不需要像数字电视那样改造光缆了。与国外市场相比，国内机顶盒市场由内容提供商和网络运营商垄断，在我国，作为拥有 IPTV 业务的网络运营商有着"至高无上"的地位，自然不希望其他品牌的 IPTV 产品通过自家的网络进行内容播放，这也是目前国内普及和发展 IPTV 的难题。

二、IPTV：普通电视 + 机顶盒 + 宽带

IPTV 与传统电视最根本的区别就在于它是双向化的 IP 网络，它改变了用户一直以来被动收看电视节目的观看方式，观众可以不受时间限制，随时暂停、回放正在播放的电视频道，随意选择自己喜欢的节目内容。[2] IPTV 的出现，让电视从一个单纯的观看视频工具转变成为一个多功能的服务终端，以服务用户为主要功能，以为用户提供体验感为主要目的。

IPTV 包括下列几种业务模式。

（1）直播电视

IPTV 用户能够凭借机顶盒进入 IP 网络实时收看 IPTV 运营商提供的各类电视节目内容，就像观看传统电视一样。IPTV 运营商可以通过平台在同

---

1 赵阳. 交互式网络电视发展探析 [J]. 青年记者，2013（9）.
2 王闻昕. IPTV：让电视广告精准互动 [J]. 广告大观（综合版），2011（7）.

一时间向用户推送一定的节目内容，这些内容是持续不断的，后台系统可以凭借组播的形式，在传输网络状况良好的情况下向广大用户提供电视直播业务。[1]

（2）点播电视

点播电视就是指家庭用户可以通过 IPTV 机顶盒在 IPTV 业务平台所提供的节目表和检索界面对自己想看的节目进行预约或点播，就像使用 DVD 观看一样，可以随时进行暂停、快进等智能化指令。[2]这就扩展了传统电视的服务，尤其是家庭装潢类节目、厨房厨艺类节目受到了家庭主妇的欢迎。

（3）时移电视

时移电视就是指用户在正常收看电视节目时，可以将选定的节目存储进网络空间中，类似于云存储，改变了之前收看以频道形式连续播放的电视节目的习惯。时移电视与直播电视还是存在很大的不同，它接近于点播电视业务。[3]

（4）信息资讯

IPTV 电信运营商通过平台可以向用户提供各种类型的资讯类信息，比如证券类信息、房屋信息、物价消费信息、天气预报信息、交通信息等生活咨讯信息。

（5）远程教育

通过 IPTV 平台把教育资源与视频结合起来，突破了时间和空间的限制，将预先设置好的教育课程课件播放给有需要的用户观看，使用户可以不出家门就能享受教育服务。而一般所说的远程课堂或空中课堂是以视频格式为主，在教室的现场授课与用户之间搭建一个交流的平台，使学生与教师之间能够进行语音问答，如用户本人在真实的教室上课学习一样。[4]

1　何伟.BesTV 公司 IPTV 业务发展研究［D］.南宁：广西大学，2013.
2　何伟.BesTV 公司 IPTV 业务发展研究［D］.南宁：广西大学，2013.
3　何伟.BesTV 公司 IPTV 业务发展研究［D］.南宁：广西大学，2013.
4　何伟.BesTV 公司 IPTV 业务发展研究［D］.南宁：广西大学，2013.

三、百视通

百视通公司是我国第一家经营 IPTV 与 Mobile Phone TV 的电视媒体企业，在我国发展 IPTV 的过程中起步较早，目前已发展为成熟的 IPTV 运营商，并作为行业内的标杆企业引领我国 IPTV 的发展。[1]

百视通是最早获得 IPTV 运营许可牌照的企业，在获得批准之后，即与各个省市电信公司开展了相关业务合作，并积极开始技术试验与业务拓展。2006 年，百视通推出了家庭用户通过遥控器在 IPTV 电视上实现实时投票、选择的功能，这是对交互式网络电视的尝试与践行的首秀。2008 年与 2010 年，百视通 IPTV 成功直播了北京奥运会与上海世博会，并在直播中引入了手机直播、网络直播等新元素，代表着百视通在多屏模式的实现上迈出新的步伐。2010 年，百视通与中国银联合作，在多终端上纷纷实现了支付功能，使得用户足不出户就可以进行电视、手机消费，拓展了一种新的 IPTV 营销模式。经过多年的发展，百视通不仅在新媒体技术方面取得了重大突破，并在媒体资源库方面投入大量资金，升级换代媒体资源库，提高媒体内容质量。如今，百视通已拥有 35 万小时的版权储备，汇集了国内外优秀的电视节目，是我国新媒体行业的翘楚。[2]

百视通 IPTV 最成功之处在于为用户提供了独特的内容产品，这些内容往往是卫视节目无法满足的。百视通针对用户的不同兴趣爱好，提供的节目类型涉及电视剧、电影、音乐、体育、财经等 15 个左右，向着具体化、精品化的方向发展。以百视通 IPTV 提供的体育节目为例，百视通 IPTV 是英超联赛在中国大陆的唯一一家合作代理商，能够为用户提供全部的英超赛季的 380 场比赛，整个视频容量达到 120 小时，为足球爱好者提

---

1 何伟.BesTV 公司 IPTV 业务发展研究［D］.南宁：广西大学，2013.
2 何伟.BesTV 公司 IPTV 业务发展研究［D］.南宁：广西大学，2013.

供了绝佳的观看平台。

　　百视通 IPTV 成功的经验可以总结为"体验交互 + 内容丰富 + 形式创新"。自成立以来，百视通 IPTV 一直研发、利用大数据深度挖掘分析用户的内容需求，改善丰富内容产品，构建成熟的新媒体服务体系，为用户提供了一个权威、丰富而又生动的视觉互动体验平台。

第四节 "盒子"争夺客厅：OTT TV

自 2011 年开始，互联网新媒体在全球范围内又开拓出了一项新的业务，即 OTT TV。类似于奈飞网、葫芦网、谷歌电视的出现，OTT TV 再次令人们惊叹于新媒体视频业务的丰富内涵和功能拓展。

OTT 是 "Over The Top" 的缩写，这个词最初来源于篮球运动，即篮球在运动员头上传送而到达目的地。[1] 广泛意义上的 OTT 是指谷歌、苹果、Skype、奈飞网等利用移动运营商的基础网络发展自己的业务的企业及团体。在我国，OTT 的概念则是狭义的互联网电视的概念，即指基于开放互联网的视频服务，终端可以是电视机、电脑、机顶盒、平板电脑、智能手机等；OTT 意指在网络之上提供服务，强调服务与物理网络的无关性。目前，我们认为的 OTT TV 则更多的专门指以开放互联网为基础的，面向电视机传输的视频服务。

一、OTT TV 的发展

2011 年 10 月 28 日，国家广播电影电视总局下发了《持有互联网电视

---

1 张玲.OTT TV 带来的视频发展趋势及市场格局对传统电视业的影响[D].重庆：重庆大学，2014.

牌照机构运营管理要求》（以下称181号文件）的通知，明确了对互联网电视集成业务管理、内容服务管理、业务运营和机顶盒等终端产品管理的四方面要求，建立起"内容+集成"的双重牌照监管体系。[1]这之后，原来在电信和广电行业夹缝生存的视频网站迅速升级成为互联网电视运营商，百度等互联网公司纷纷加入OTT TV领域，电视机生产厂商也高调投入OTT TV市场，电信运营商开始试运营OTT TV。一时之间，OTT TV发展得如火如荼。

通知的出台无疑是国家对OTT TV产业的松绑，实际上面对IPTV的强势来袭，加之国外OTT TV的快速发展的压力，国家广播电影电视总局试图通过以DVB+OTT的模式培育出一个可以与IPTV竞争的新产业。在181号文件指定的产业模式下，各大互联网视频公司纷纷与拥有牌照的广播电视企业合作，例如乐视网于2012年与中国网络电视台（CNTV）达成合作，推出乐视盒子，在首批三网融合试点城市开展了互联网电视产品的推广。[2]

与IPTV或其他视频服务模式相比，OTT TV的最大特点就是视频服务脱离了网络运营商的控制，无论是视频网站、电视台、网络运营商，只要是通过公共互联网将视频传输到电视机屏幕，都可以称为OTT TV。[3]

1. OTT TV的产业链

在OTT TV的产业链中，主要包括以下几方面：内容提供商（Content Provider），各种有视频资源的公司、企业甚至个人，都可以成为内容的提供者。增值业务提供商（VAS Provider），各种围绕着视频业务提供增值服务的厂家，比如广告商、游戏商、电商等。网络提供商（Network Provider），可以是公众Internet，租用IDC/带宽/服务器空间，也可以是与电信运营商合作等。终端、电视机厂家（Client Vendor），智能

---

1 王崇鲁.国内OTT TV发展趋势及其对IPTV发展的影响分析[J].移动通信，2012（23）.
2 汪洋，温淑鸿.我国IPTV与OTT TV的现状分析与发展趋势[J].中国有线电视，2013（11）.
3 高巍.从互联网走向电视机——OTT TV的兴起与有限网络的应对思考[J].广播与电视技术，2013（1）.

电视机、Android 智能 STB、游戏机、蓝光播放器等制造商。最终用户（Subscribers），既可以是传统的宽带用户、有线电视用户，也可以是手机用户、互联网用户。值得特别说明的是，在中国的 OTT TV 产业链中，多一个参与方——牌照方、业务集成方（Services Provider），这是受中国监管政策影响而形成的中国特有的一个产业链环节。来自传统广电业、移动通信业、互联网业、终端制造业的众多的参与主体交织在一起，形成了一条复杂的 OTT TV 链条（如表 2-1 所示）。[1]

表 2-1　OTT TV 产业链参与主体

产业链角色	运营主体	运营表现
广电集成平台牌照方	CNTV、百视通、浙江华数、中国国际广播电台、中央人民广播电台、湖南电视台、南方传媒	只有这七家互联网电视牌照商才具备在全国开展互联网电视业务的资格
内容和业务提供商	OTT TV 内容服务平台、视频网站、综合类互联网公司、应用程序开发者	必须与集成平台相对接，方能进入网络传输和终端设备环节
网络服务商	广电有线运营商、中国电信、中国联通	广电有线运营商：DVB+OTT 电信运营商：IPTV+OTT
系统和应用平台	目前绝大部分搭载安卓系统，新闻出版广电总局正在研发中国自己的智能电视操作系统	各个系统平台上专门针对电视机的特定程序还需要优化
终端生产商	家电厂商、互联网企业（如小米、乐视）、牌照方	家电厂商主要推出电视一体机产品；互联网企业和内容集成牌照商以 OTT TV 盒子为主

根据《中国网络视频蓝皮书》数据显示，视频用户每周通过屏幕观看视频时长分别为：电脑 12.6 小时，电视 9 小时，平板电脑 8.3 小时，智能手机 7 小时，且 2013 年中国城市平均每个网民的家庭中有 4.68 个屏幕。用户对内容的消费不再依赖于电视这个单一的内容提供平台，多元化的观看方式已经成为新的发展趋势。多元化观看方式意味着以前通过不同设备提供相同的视频内容方式不能真正满足用户的需求，它需要 OTT TV 能够

1　张玲.OTT TV 带来的视频发展趋势及市场格局对传统电视业的影响［D］.重庆：重庆大学，2014.

真正地提供多屏服务，为各种设备定制独特的内容播放方案。[1]

2. OTT TV 与 IPTV 的比较

OTT TV 和 IPTV 都是互联网技术发展的产物，二者都是依托于网络宽带，但是二者在许多方面仍然有着本质的区别（如表 2-2 所示）。

表 2-2　OTT TV 和 IPTV 的比较

传输网络	OTT TV	公共宽带互联网
	IPTV	电信运营商提供的专用 IP 网络
终端设备	OTT TV	智能电视、电视 + 机顶盒、电脑、平板电脑、智能手机登录
	IPTV	机顶盒 + 普通家庭电视
业务运营商	OTT TV	7 家互联网集成平台牌照商及合作方
	IPTV	电信运营商
内容资源	OTT TV	互联网内容和内容提供商提供内容
	IPTV	只有内容提供商提供内容
付费模式	OTT TV	向服务商交纳固定月租，按节目点播数量付费
	IPTV	与电话、宽带服务捆绑

二、OTT TV 的几种模式

1. 美国的开放模式

美国的开放模式是以内容和应用提供商为主导，以开放互联网服务为核心的发展模式。在全球范围内，美国的 OTT TV 发展最早、最快，而且美国的 OTT TV 的运营主体没有限制，只要具备资本、平台和内容的运营能力，就可以成为 OTT TV 的运营商。[2] 因此，美国 OTT TV 服务商是来自各行各业，有电信运营商威瑞森（Verizon），有线电视运营商康卡斯特（Comcast），互联网公司谷歌（Google），传统电视公司 NBC，电子商务公司亚马逊（Amazon），终端商苹果公司等，表现出运营主体多元化的特点。

1　张玲.OTT TV 带来的视频发展趋势及市场格局对传统电视业的影响［D］.重庆：重庆大学，2014.
2　朱新梅.美国 OTT TV 发展与监管政策研究［J］.现代视听，2014（1）.

在美国的开放模式下，视频服务不再成为广电运营商的专利。其产业链环节参与方众多，主要有视频内容商、电信运营商、互联网企业、硬件设备商等。虽然 OTT TV 的发展受到传统电视业的一些排挤和打压，但在巨大的市场需求下，美国出现了一大批较成功的 OTT TV 运营公司。在业务形态和盈利方式上，美国 OTT TV 运营商都发展出了一条比较良性的道路，有研究者对其典型的业务形态和盈利方式进行分类和总结。[1]

第一，正版内容 + 会员付费方式。典型代表：奈飞网（Netflix）。奈飞网作为美国最大的 OTT 视频运营服务商，也是视频内容商进入 OTT TV 最成功的代表。奈飞网是从租赁正版 DVD 业务开始做起，发展至今，逐渐形成在线流媒体推送业务。2012 年开始，奈飞网的流媒体订阅用户数量超过美国目前最大的有线电视运营商康卡斯特，并且保持高速增长态势。截至 2013 年第三季度，其用户总量突破 4000 万人。奈飞网的盈利模式是简洁的前向收费模式，即每月向订阅的用户征收会员费，标准为 7.99 美元 / 月，坚持不添加任何广告是该网站的一大特点，其盈利模式为用户付费。

第二，正版内容 + 广告贴片方式。典型代表：葫芦网（Hulu）。葫芦网是美国国家广播环球公司和新闻集团于 2007 年 3 月共同注册成立的，成立之初是为了抵制 OTT TV 的发展。葫芦网是一个免费的视频网站，这与奈飞网是收费网站有根本差别，葫芦网是以广告为赢利模式。得益于 OTT TV 的发展，2013 年葫芦网广告和订阅的收入达到 10 亿美元，50% 的流量来自移动客户端，这已经成为 OTT TV 发展的一个有效方向。

第三，UGC 视频方式。典型代表：YouTube。

YouTube 是全球最大的 UGC 视频网站，创办之初是为了方便朋友之间分享录影片段，后来逐渐成为网民的回忆储存库和作品发布场所，并逐渐发展成为专业的原创内容网站。YouTube 在进行了原创化和专业化创新后，提升视频内容质量，成为 OTT TV 市场上的盈利者。

---

[1] 下面四种分类参见：张玲 . OTT TV 带来的视频发展趋势及市场格局对传统电视业的影响［D］. 重庆：重庆大学，2014.

第四，开放的应用平台。典型代表：谷歌电视（Google TV）。

谷歌电视是内置了谷歌搜索一个产品，输入简单的文字即可在电视节目、网络、YouTube、订阅的视频网络里查找某个视频，其核心在于把自己作为一个开放的平台。谷歌电视对传统电视台的最大威胁在于它能通过谷歌搜索引擎来决定视频显示的排名顺序，从而在视频领域掌握较多的话语权。[1]谷歌电视将网络和电视结合在一起，成为一套新的娱乐系统。

2. 欧洲的 HBBTV 模式

HBBTV 模式是 Hybrid Broadcast/Broadband TV 模式的简称，中文又称广播宽带混合电视，是一种兼容 DVB 和互联网服务的混合广播技术。相比于美国的开放式模式，欧洲的数字电视运营商发展互联网电视的态度较为保守，更倾向于在保护传统广电业务的基础上开展其他网络增值业务。[2]在互联网服务方面有 VOD、时移电视、互动广告、在线购物等应用。

HBBTV 允许有线网络运营商通过支持数字电视和互联网 OTT TV 向用户提供服务，以网络运营商为主导，将 OTT 业务嫁接到固有接入网的方式提供 OTT TV 服务。目前，德国 80% 以上广播电视运营商采用 HBBTV，法国、西班牙、荷兰等国家也在 2011 年开始推行 HBBTV 标准，其覆盖范围正在逐渐扩大。[3]

3. 中国的可管可控模式

所谓可管可控，就是指由政府主管部门依据有关法规实施的牌照制管理模式，只有这些集成牌照商有权成为 OTT TV 的内容来源和播出平台，其他机构想要涉足 OTT TV 市场，只能采取与上述牌照商合作的办法。与美国或欧洲的技术驱动模式相比，中国的 OTT TV 发展更多地受到了中国行业政策的影响。在中国目前实行牌照制度方式来实现对 OTT TV 的可管

---

[1] 张玲.OTT TV 带来的视频发展趋势及市场格局对传统电视业的影响[D].重庆：重庆大学，2014.
[2] 丹璐.突围 OTT TV，广电去哪儿？[N].中国电子报，2014-3-18.
[3] 张玲.OTT TV 带来的视频发展趋势及市场格局对传统电视业的影响[D].重庆：重庆大学，2014.

可控，即由国家新闻出版广电总局认可的 7 家牌照方负责提供内容播控，通过牌照方的集成播控平台对客户端实现控制和管理。这一管制思路与欧洲、美国都存在本质不同（如表 2-3 所示）。[1]

当前我国互联网电视牌照拥有方只有央视国际、百视通、杭州华数、南方传媒、湖南电视台、中国国际广播电台、中央人民广播电台，但传统广电、视频网站、电信运营商、终端厂商并没有因此放弃对 OTT 市场的占有，相反，分别积极寻求与上述牌照商的合作。

表 2-3　7 家互联网电视牌照方

牌照方	时间	集成平台播出呼号	内容平台播出呼号	运营主体
央视国际	2010 年 6 月	中国互联网电视	中国网络电视台	未来电视有限公司
百视通	2010 年 7 月	BBTV 网视通	东方网络电视	百视通新媒体股份有限公司
杭州华数	2010 年 8 月	华夏互联网电视	华数互联网电视	华数传媒网络有限公司
南方传媒	2011 年 3 月	互联八方	云视听	广东南方传媒科技发展公司
湖南电视台	2011 年 5 月	和丰互联网电视	芒果 TV	快乐阳光互动娱乐传媒有限公司
中国国际广播电台	2011 年 6 月	环球网视	CIBN 互联网电视	国广东方网络（北京）公司
中央人民广播电台	2011 年 11 月	中央银河互联网电视	央广 TV	央广新媒体文化传媒（北京）有限公司

OTT TV 是可以针对不同的合作对象、不同的受众群体，设置不同的业务模式，未来受众 OTT TV 的使用率将远远超过电视，电视也不可能单纯是电视了，电视融入互联网发展成为不可避免的趋势。而 OTT TV 的核心竞争力就在于要真正打通 PC、智能手机、平板电脑、智能电视四屏的云

---

[1] 张玲 .OTT TV 带来的视频发展趋势及市场格局对传统电视业的影响［D］. 重庆：重庆大学，2014.

平台，打造拥有良好用户体验的多屏互动。[1] OTT TV 深刻地改变和影响着人们的生活，而它先进的技术、高清晰度的画面，让越来越多的观众离开电视投向互联网 OTT TV。

三、小米盒子：用互联网思维做电视

小米公司成立于 2010 年 4 月，是一家专注于智能产品自主研发的互联网公司。"为发烧而生"是小米的产品理念。小米的互联网模式已经成为业内的经典案例，其成功的核心要素就在于在互联网时代，用互联网所特有的思维方式进行产品研发和营销，让口碑借助强大的互联网平台进行广泛而有效地传播，同时通过用户体验将互联网用户转换为粉丝经济。[2]

2012 年 11 月 14 日，小米推出了一款名为"小米盒子"的产品，用户使用遥控器就能把视频网站的内容在电视机上播放，此外，盒子还支持在电视上玩游戏、听音乐、看照片等功能，但是该产品推出不到一周，就进入了系统维护状态，并暂停了视频内容服务。

根据国家广播电影电视总局《持有互联网电视牌照机构运营管理要求》中的规定，"互联网电视集成机构所选择合作的互联网电视终端产品，只能唯一连接互联网电视集成平台，终端产品不得有其他访问互联网的通道，不得与网络运营企业的相关管理系统、数据库进行连接"，这就意味着互联网电视集成平台具有唯一性。"盒子"只能链接一个集成平台，那小米盒子中包括凤凰视频、搜狐视频、PPS 等视频网站的庞大节目资源，恰恰违背了这一点。因此，小米盒子因为内置了过多的非牌照方提供的内容而被封杀。意识到内容短板的小米，开始积极谋求与牌照方的合作，并推出带硬盘的路由器，可以供用户下载各种高清节目内容。

---

1 刘固蒂，郭明. OTT TV 的发展现状和趋势浅析[J]. 科技信息，2014（13）.
2 尚文捷. 小米：用互联网思维颠覆传统产业[J]. 中国品牌，2013（12）.

2013年9月5日，小米发布了小米电视。小米电视拥有顶级的屏幕、顶级的硬件配置、顶级的小米盒子，而且小米电视所具备的功能，突破了传统电视所有的核心功能。小米电视能够通过互联网，为用户提供超过30万个小时的央视正版授权高清内容，还有追剧功能，将视频网站的收藏关注功能延续到了电视上。小米电视只需通过OTG线连接U盘或者硬盘即可播放市面上所有格式的高清视频。米联功能是小米电视专属的，通过米联可以将小米手机、iPhone、iPad等设备和电脑上的图片、视频以及心理视频、PPTV等应用的内容无线连接到电视上，还可以使用小米手机直接作为电视遥控器来操作小米电视。另外，小米电视中还内置了丰富的游戏应用，让用户体验更多更好的娱乐服务。

在小米电视的基础上，小米公司不断研发升级，很快就推出了小米电视2代、3代，不仅在硬件设施方面有提升，更重要的是融入了更多人性化的设置。使得用户与电视的关系不再是被动接受，而变为主动、互动，增强了电视的服务功能，也深化了用户的体验功能。

2014年，小米3亿元投资爱奇艺，并购买优酷千万的股票，使得小米迅速完成了内容从零到海量的转变。在与国内两大视频机构联姻后，小米又将目光投向了国外视频机构。下一步，小米已不再满足于电视"看"的功能，通过手机与遥控器的融合，将"玩"电视、"用"电视真正变为现实。

第三章

"互联网+电视"的特征

本章探讨了互联网带来的革命性变化是如何塑造了这个时代的电视,"互联网+电视"的核心特征是什么,它们又是怎样形成、发展与变化的。例如,电视逆向传播的新浪潮,大数据分析,用户(受众)为王,深刻的互动性,碎片化等。

今天，互联网技术与互联网思维深刻地影响着整个电视行业，也带来了电视行业的巨大变革。在本章中，我们将探讨这些革命性变化是如何塑造了互联网时代的电视，它的核心特征是什么，它们又是怎样形成、发展与变化的。

第一节　群体构建话语

互联网作为一种媒介，从诞生伊始就拥有与其他传统媒介所不一样的特质，人们将其称为"去中心化"。去中心化不是指字面所表达的完全摒弃"中心"，而是指与传统媒介的单一中心相比，互联网以"扁平化"的方式，将过去至高无上的话语权力中心变为更多的由群体构建的话语网络。

这种去中心化的群体力量，在"互联网+"时代的电视行业中也同样清晰地显现出来，越来越显示其过去所被忽视的力量。

一、"草根阶层"的网络崛起

Web 2.0技术使得媒体的重心从组织层面转向个人以及个人媒体层面。[1] 从2009年至今,网络社交工具微博、微信以及直播平台等的兴起、发展、壮大,也让草根阶层成为Web 2.0时代最重要和最不可忽视的民间话语力量。起初这些社交软件是以分享自我生活、与朋友沟通交流的目的而诞生的,但近几年,随着各项新功能尤其是视频、直播功能的增加,受众的迅速扩大,凭借着网络平台门槛低、成本低、传播快、受众多的特性,网络社交工具成为草根阶层发表观点的主要渠道。

过去被主流意识形态及媒体精英牢牢掌控的话语权开始分裂,被视为草根阶层的普通网络民众逐渐攻破舆论的"要塞",各个阶层间的交流鸿沟开始逐步消弭,这种多元化的信息传播方式构成了当下全新的媒介文化环境。

这种语境在"互联网+"时代的电视行业中也表现得非常突出。正如法国思想家米歇尔·福柯在《话语的秩序》中所提出的那样:"话语即权力",电视媒体原本是主流权威的发声媒体,是话语权的强势呈现。但随着互联网这种低成本、"平价"的信息传播方式的崛起,使原本话语权极其微弱的普通民众有了更多被看到、被听到的机会。

2014年7月9日,天鸽互动,这个当时国内最大的实时社交视频公司在香港交易及结算所有限公司(简称"港交所")上市。但作为社交视频行业的头把交椅的天鸽互动,相关的报道却不多。天鸽互动拥有2.6万个视频直播间、3.4万名主播和2亿人注册用户,在很多巨头公司还在为盈利苦苦挣扎之时,天鸽互动已经取得了不菲的盈利。据统计,实时社交视频行业用户从2009年的800万人增至2013年的1.4亿人,市场规模也将

---

1 高宪春.论Web2.0时代"去中心化"对网络文化的影响[J].济宁学院学报,2011(8).

从2009年的2亿元增至2017年的133亿元。[1]

在互联网视频行业中，草根阶层已经开始成为一股强大的推动力量。这是话语权力的更迭，也是由此带来更大的行业变革的先声。

二、"上传"的革命：从消费者到生产者

对互联网而言，那一个小小的"提交"按钮，使得广大普通人的意见不仅能被看到，更使得他们自身的内容生产有了被传播的可能，使得群体的文化表达权力得到了彰显。正如托马斯·弗里德曼在《世界是平的》中提到的那样，"上传正在成为合作中最具有革命性的形式之一。我们比以往更能成为生产者，而不仅仅是消费者。"猫扑、豆瓣、知乎等用户内容生成模式的网站成为意见表达的主战场，个体开始成为网络内容的重要提供者，并造就着网络文化的核心内容。

在视听领域同样如此。"原本采集、制作、传递信息的传播过程由经过专业训练的编辑人士把持，现在被网民所替代。"[2]过去需要专业制作团队才能完成的视频作品，现在可能只需掌握基本的摄影、剪辑等技术即可完成，网民有了低成本制作自己作品、生成内容的渠道和基础。视频内容生产技术门槛的降低，促使了以"我"为中心的内容生产主体的发展，每个人都有机会向其他人展示和诉说自己想要表达的内容，让互联网上千千万万个其他的"我"看到自己的作品，听到自己的声音。

众多的社交软件签约自媒体人，俗称网络大V或网红，比如在新浪微博，有制作健身教学视频的（@全球健身中心，粉丝995万人）、有制作美妆视频的（@邢晓瑶，粉丝202万人）、有制作美食教程的（@美食味道，粉丝524万人）等。而2016年最受人关注的莫过于微博原创视频博

---

1 宋玮，贺树龙.视频社区：草根需求大爆发［EB/OL］.（2014-8-12）［2015-9-22］.http://tech.caijing.com.cn/20140812/3653294.shtml.
2 高宪春.论Web2.0时代"去中心化"对网络文化的影响［J］.济宁学院学报，2011（8）.

主：papi 酱。在 2016 年之前，papi 酱在网络上发布了一系列吐槽、搞笑的原创短视频，转发量、评论量、点赞量都居高不下，拥有了一大批粉丝基础。而在 2016 年 3 月，papi 酱更是获得了真格基金、罗辑思维、光源资本和星图资本的联合投资，总投资为 1200 万元人民币，papi 酱本人的估值也被炒到了 3 亿元。随后罗辑思维公布了和 papi 酱合作的第一件事——"广告拍卖"。从一个普通的网红，到中国新媒体世界第一次广告拍卖的创始人之一，papi 酱靠着上传原创视频这个途径，以接地气的方式表达了众多普通人对于现实生活的看法，收获了一大批感同身受的粉丝，也完成了自身价值的提升。

如果说在社交软件上的上传行为更多地偏向"视领域"，那么歌唱类软件例如唱吧、全民 K 歌、echo 等，以及广播类软件蜻蜓 FM、荔枝 FM、喜马拉雅等，它们的迅速发展丰富了"听领域"上的不足。此外，2015—2016 年直播类软件的异军突起也成为业内关注的一大焦点。到 2016 年，各类直播 App 已超过 200 个，普通人直播自己的生活场景吸引粉丝关注也是很好的例子。这进一步表明，在互联网视听领域，普罗大众正在成为互联网视听文化的塑造者和消费者，个人化的表达得到了更为直接和率性的传播。

"电视媒体话语权的衰退，内在的原因为内容质量的衰退。一方面，新闻节目的透明度不高，真实性受到质疑，公信力下降；另一方面，剧目综艺质量低下，粗制滥造，低俗乏味，没有为公众提供精神食粮。"[1] 从最初的《一个馒头引发的血案》，到后来的《老湿系列》和《叫兽系列》，网民这种看似"自娱自乐"的自主视频内容生产在受众中得到了极大的认同和追捧，当主流生产者无法完全满足网民所需要、所喜欢的视频内容时，自主生产的愿望被激发，而群体的认同更促进了这种行为的发展。这种上传的革命，使得"我"开始成为视频内容生产的一大重要构成。

每个人都是内容生产者，每个人都是内容传播者，这种个人所组成的

---

[1] 徐彦. 新媒体时代电视媒体话语权的消解与重塑 [J]. 传媒，2014（22）.

群体力量正在改变"互联网+"时代的电视产业。

三、逆向传播的新浪潮

就过去传统的主流电视行业而言,其信息传播主要是由传播主体向观众进行的单向传播,如电视新闻节目等,这类信息都是先由具有话语权的精英阶层掌握,在进行一定考量、筛选后,再由其向普通观众传播。但从上文的草根阶层和自主内容生成的分析中,我们得知,在新的互联网时代到来后,这种传统的信息传播方式已经开始发生变化,当草根阶层的视频上传开始成为一定规模并产生足够影响力时,这种文化传播的方向就开始以逆向的形式进行展现,即文化或传播热点先由草根阶层引起,进而开始影响传统的精英阶层。正如2015年4月突然开始流行的流行词"duang",起因正是某视频网站用户的恶搞视频,这个视频在微博等平台迅速传播开后,反过来成为很多明星、媒体的热门词汇,这就是典型的由底层群体掀起的潮流。再如某些视频网站将点击率高、口碑好的自制内容版权售卖给传统电视台,节目在网站播出后便可在电视上播放。比如爱奇艺的《爱上超模》反输到湖北卫视,优酷土豆的《侣行》反输到央视一套、旅游卫视等。这种逆向输出的模式,不仅提高了视频网站的版权收益,并且让草根阶层群策群力的自制节目得到了更好的宣传。这种做法也促使网络平台和网络草根制作出更好的原创内容,推进了上传内容的成熟化和精品化。

这种传播方向的变化,也引起主流文化内容较传统发展方向不同的"移位",即开始不再以精英阶层的选择作为准绳,而是开始挖掘更多普通人的视角和取向,开始展现更多的社会内容,并在潜移默化中改变视听领域的文化生态。

由此我们可以发现,这场由普通网民所参与和造就的网络"去中心化",已经开始显现其巨大的力量和爆发力,"蚂蚁移象"已不再是妄谈,群体开始显示出其巨大的能动性。

第二节　大数据时代

"分析大数据将成为竞争的基础，支持新的生产力增长。"这一来自麦肯锡的断言已被印证，在大数据时代，每一个看起来并不起眼的数据，背后都蕴含着超量的隐藏信息和潜在价值，这些数据已经不再是传统意义上的普通数字，而是成为可供深入挖掘的巨大的财富宝藏。在"互联网+"时代的电视行业同样如此，通过智能的大数据挖掘和分析，这些看似普通的数据信息有了更为令人惊叹的效用。

在过去，电视媒体的管理者或是内容生产者想要知道用户的习惯或想法，采取的方式主要是电话调查、问卷调查、机顶盒等抽样调查的方式，这种数据采集方式在获取上相对麻烦，在样本量上也显不足。但进入大数据的新时代后，互联网公司或影视公司可以通过对用户的网络行为或视频、节目观看行为进行跟踪、收集，从而得到极其有价值的用户相关数据资源。

今天，很多互联网企业已经开始在大数据分析上迈出了一大步。百度、新浪、谷歌、脸书等大型互联网公司更是走在前列。以谷歌为例，其在 2012 年发布的 Knowledge Graph'2，就能够在分析大数据的基础上，为搜索者展示更为科学和完整的知识体系。同时还通过综合其他服务的方式,全局的分析相关使用者的使用行为,以便得到更为精准的评估结果。与此同时,国内互联网企业也紧随其后,新浪在2013年开启了新的广告模式,即"信息流广告",通过对新浪微博上相关用户的数据挖掘,按照其爱好、兴趣点、关注点等方向进行精准的广告投放。在电视行业的相关领域,互联网电视的相关企业同样可以通过相关检测记录用户的观看习惯和相关数据来进行电视内容的创作调整、精准推送和广告投放,这些数据也开始成为"互联网+电视"行业在大数据浪潮下电视节目发展与创新的风向标。

一、广告精准投放

曾有研究者把广告营销的历史叙述为"小数据"时代和"大数据"时代,认为在"'小数据'时代只能研究个体,缺乏大量关于个人的数据,只能定性地去研究消费者行为习惯,得到经验性支撑。而在'大数据'时代,人的行为习惯、兴趣爱好、消费取向等有价值的内容都可以以数据形式存在,这种形式又具说服力,蕴含无限商机,可以优化营销效率,精确制导和定位,减少无谓的成本,把广告投放给最有可能'会买'的人",[1] 而"就广告而言,互联网时代就是一个精准营销的时代"[2],在这个大数据浪潮席卷而来的年代,根据用户在实用网络或观看视听节目的过程中所留下的痕迹、数据和符号,可以极为科学、准确地掌握受众的兴趣、爱好、习惯等特征,从而可以有效地达到精准营销的目的。

根据相关数据显示,2014年,我国的传媒产业总值第一次超过万亿元人民币,与此同时,互联网广告的收入首次超过电视广告,收入规模超

---

[1] 徐钱立. 大数据时代的媒介营销管理——以爱奇艺为案例 [D]. 杭州:浙江大学,2014.
[2] 李卓超. 悠易互通CTO赵征:互联网广告已进入精准营销时代 [EB/OL]. (2013-6-28) [2015-9-25]. http://v.iresearch.cn/20130628/203198.shtml.

过 1500 亿元。[1] 根据国家新闻出版广电总局发展研究中心的相关数据，截至 2014 年年底，我国网络视频用户为 4.33 亿户，在线视频市场规模 239.7 亿元，增幅超过 76%，广告占比超过 60%。在传统电视领域，电视综合覆盖人口已达 98.60%，全国有线数字电视用户 1.91 亿户，占有线电视用户 81.61%，双向网络覆盖用户超过 1.08 亿户，IPTV 用户 0.34 亿户。[2] 毋庸置疑，"互联网+"时代的电视行业，已经成为一个规模极其庞大的产业。

在如此庞大的用户基础和规模之下，用户的个体特征千差万别，每个用户都会有自身的行为习惯和兴趣爱好，如何低成本地、精准地找到目标客户，使得广告效益最大化就成为首先需要解决的问题。这个时候，大数据的智能挖掘手段开始"大显身手"。

以传统的搜索引擎为例，用户在使用过程中的搜索行为，对相关网站的查看点击行为，都是极为有价值的数据，如用户频繁地使用搜索引擎搜索某一城市，或经常性地查看关于运动或旅游的相关内容，就或许可以推理出用户有相关的旅游需求，而视频网站就可以在掌握这一数据的基础上进行分析后，为这位用户在观看视频前播放与旅游相关的广告，以这样的形式实现对用户进行精准的广告投放。

当然，真正的大数据智能挖掘过程远比我们列举的方式复杂，广告投放方式也依据各个网站的不同情况有着不同的路径，如爱奇艺的相关搜索"广告位"竞价方式等。而在广告投放后，依托大数据，广告主更能够及时检测广告投放效应。如优酷土豆就可以在其网络收视系统、广告投放效果预估系统、优酷指数、BEE 效果监测系统的基础上，从投放前到投放中以及投放后的全程均进行数字化真实呈现，并可将此检测数据和分析内容

---

[1] 2014 年中国网络广告收入 1500 亿元首超电视广告［EB/OL］.（2015-5-11）［2015-9-28］. http://tech.xinmin.cn/2015/05/11/27616953.html.

[2] 国家新闻出版广电总局.2014 年中国广播电视行业总收入 4226.27 亿元增长 13.16%［EB/OL］.（2015-7-23）［2015-9-28］. http://help.3g.163.com/15/0723/00/AV5TU4UU00964KJA.html

提供给广告主及代理公司,来随时监测投放效果。[1]而将广告精准投放处理得最为创新的莫过于优酷和广告商 RIO 品牌对于《中国新歌声》的播出。浙江卫视推出的《中国新歌声》在第一期播出后,优酷对所有用户开放了"免广告版",也就是说,用户在回看"新歌声"整期节目时,可以免去广告的干扰,从节目开始一直看到最后。

那么广告商 RIO 在其中扮演着怎样重要的角色呢?

RIO 其实算得上是营销模式创新上的"资深玩家"了,从最早的冠名、联合赞助到后来的影视剧与综艺植入,各种花式营销投入之后,RIO 也一直想要探索出新的"打开方式",这一次相当于承包制大手笔地拿下"新歌声",成为国内首个"免广告赞助商"就引起了业内人士的热议。

事实上,虽然在《中国新歌声》节目中,免除了让观众痛恨的所有贴片广告,但 RIO 和优酷已经达成协议,将在线上线下展开一系列的整合营销。比如,将 RIO 产品跟优酷会员卡进行绑定,联手阿里在线上开展赠饮活动等。这样一来,营销模式就把传统的"植入式"变成了"融入式"。

有人说,硬广投放的 1.0 时代、内容植入的 2.0 时代已然不再适用于网络视频平台,娱乐营销已进入更加注重"用户体验"和提升品牌客户好感度的 3.0 时代。[2] 拿这次"免广告"试水来说,用户因为观感体验前所未有的提升,对视频平台的好感增强,用户黏性也随之增强;而将客户牢牢与自己捆绑变着花样玩娱乐营销,摒弃了简单粗暴的广告灌输方式,品牌形象的提升让客户觉得腰包掏得值。这种创新性的广告融入将"精准投放"的理念诠释得更为全面。

---

1 李欣.视频营销和效应:广告投放定向精准[EB/OL].(2012-10-10)[2015-10-22].http://finance.sina.com.cn/leadership/mroll/20121010/162213330665.shtml.
2 温静.如果没有广告,世界怎么样?[N].传媒内参,2016-7-16.

二、大数据带来收视率变革

不止是在广告的精准投放上，大数据的智能挖掘手段还被应用到"互联网＋电视"的很多其他领域。在传统电视台没有应用到大数据的时代，想要评判一个节目的受欢迎程度，只能依靠收视率统计。但随着互联网触角的大规模延伸，电视台开始将目光转向与互联网相结合的大数据智能挖掘方式。通过人们在网上的相关行为，如对某一节目或视频作品的观看时长、观看次数、观看集数、点击评论、评论次数、搜索次数、在社交网站上的讨论程度、贴吧等相关网站的讨论热度等相关数据的整合分析，可以更为准确地掌握相关节目的受欢迎程度和用户黏性的高低。

台湾《中国时报》曾刊文称，大数据造成广电媒体生态出现了天翻地覆的改变，尤其是大数据收视率概念的改变。这种改变其实早已发生，如在几年前，美国就已有声音在喊出："尼尔森收视调查已无意义。"尼尔森作为统计电视节目收视率极为权威的机构，作为一个掌握了万千家庭通过传统电视剧的收视行为的统计方，为何会被认为已无意义？也许以下实例可以给出我们一些线索。

《废柴联盟》是美国全国广播公司（NBC）的一个喜剧，2013年《废柴联盟》的第四季播出时，有人惊讶于这个剧的"生命力"，因为在相关广播电视节目收视率排行上，《废柴联盟》的排位勉强挤入前两百名。再让我们回到这个"生命力顽强"的喜剧第四季播出的当晚，果然与相关数据统计相吻合，仅有400万的电视观众收看了这一剧集，和一些大热的喜剧收视率相差甚远。在过去，这一收视率代表着极少的关注度，很多情况下都是以停播而告终。但是超乎预期的是，这部剧在社交网络上的热度远高于其在收视率上的表现，相关的热门话题一直未离开人们的视野，在全球都拥有着大量的拥趸。有趣的是，很多大热的电视节目在收视率上都表现平平，尼尔森的数据与现实受众关注度已经开始出现偏差。

为什么会这样？为什么传统的收视率统计已经不太能说明一个节目的受欢迎程度？一个很重要的原因是，传统的收视率统计方式都是以家庭电视机作为终端的统计基数，而在当下，电脑、手机、平板等极为重要的观看方式没有被纳入相关的统计当中，这使得这个对过去而言相对科学的统计方式和现状出现了不小的"误差"。好在还不算太晚，传统的电视收视率同机构已经认识到了这一事实，开始拥抱互联网，也与相关的搜索网站或社交网站合作，如尼尔森收购 SocialGuide 并与 Twitter 达成合作意向，央视索福瑞和新浪微博在 2014 年进行了相关的合作，推出了结合社交媒体相关数据的电视效果大数据分析系统，也被称为"微博电视指数"[1]，通过这样的方式更为科学地分析电视节目的收视情况。

三、"猜你喜欢"

大数据对于"互联网+"时代的电视最为重要的一点，是能够最大限度上了解用户真正的想法，从而根据这些想法不断进行调整方向。

如何了解观众的真正想法，是电视节目创作者一直以来关注的核心问题。大数据为这些制作主体提供了一把很重要的钥匙，那就是掌握用户行为。想要了解用户行为与用户偏好一直是商家孜孜以求的愿望，有的商品生产者会为进入超市的顾客配备特殊的眼镜，通过分析顾客在各个商品上目光的停留方式和逛超市的目光扫视方式来分析顾客行为，从而掌握哪些商品最受欢迎并总结受欢迎原因。在"互联网+电视"领域也是如此。如今，如果想要了解观众的真正想法，会通过检测相关社交网站（如微博、豆瓣、知乎等）、搜索网站、App 使用等相关情况，以期"通过这些方式勾画出用户的网络行为"[2]。

---

1 赖祥蔚. 大数据吞掉收视率调查 [EB/OL]. (2015-6-1) [2015-9-29]. http://www.chinanews.com/hb/2015/06-01/7314136.shtml.

2 吕佳宁. 大数据下网络视频类用户行为分析 [J]. 新闻爱好者, 2014 (7).

传统电视台也在这方面进行了大量尝试，如早上播放财经新闻吸引金融类用户，下午多为社会节目和儿童节目，晚上以电视剧为主，周末则是综艺节目霸屏时间，这当然也是一直以来根据用户的收视偏好而形成的习惯。但是在大数据时代到来之后，"互联网+"时代电视领域能够更为深入和彻底地了解用户。有的视频网站会在用户数据分析的基础上，得出用户对于不同节目的偏好和倾向，比如有的用户喜欢动漫类节目，就会给这类用户多推荐与动漫相关的视频，有的用户是某明星的粉丝，视频网站则会为此类用户多推荐相关明星的视频。甚至推荐视频的长短、推荐时间、推荐方式都可以依据用户的不同行为进行调整。首页推荐主打最受欢迎的节目，而通过对用户行为的分析，为用户推荐最适合的节目。以腾讯视频为例，后台会针对用户3个月内已看过的视频打上标签（种类标、类型标、时间标、评分范围标、国家标、演员标等）并根据标签对类似视频进行筛选处理。接着，针对3个月内看过相同视频的用户还看过的其他视频进行筛选处理。用户每次在进入页面后可选择部分标签（如：电影、犯罪、科幻等），后台会在历史筛选数据中，找出符合标签的视频在用户收看的首页上进行展示。

　　这种"猜你喜欢""给你想看"的方式，真正意义上实现了对各种兴趣取向用户的"大小通吃"。

第三节 多元互动

如今,互动性已经渗透在"互联网+电视"行业的方方面面。不管是内容制作还是传播、评论,互动性成为一个关键性特征,实现了屏幕与屏幕的互动、观众与观众的互动、观众与制作主体之间的互动等各种形态的多元互动。

一、多屏自由切换

今天,电视与手机、平板、电脑等不同终端设备之间的互动已是稀松平常。视频网站依托账号登录,可以在各个终端的 App 上实现连通,比如早上在家用平板看的内容,可以在公司用手机继续收看,晚上回到家用电脑也可以随意切换收看,实现灵活多变的对接。而在数字电视领域,视频云的出现使用户观看电视节目视频时可以自由地在移动终端和电视终端之间切换,进行无缝隙观看。

这种多屏互动打破了空间和时间的障碍,以一种更强大的黏合力将设备与设备、设备与观众网络在了一起。

二、观众融入节目

过去，电视节目或者制作主体想要与观众互动，主要是采用抽奖、电话、书信、短信等方式，2005年红遍全国的《超级女声》之所以被认为在中国电视节目发展史上具有里程碑式的重要意义，就是由于其标志着电视荧屏上草根文化的兴起，加入了海选和观众短信投票等节目环节，甚至有观众为了各自支持的选手在街头拉票。《超级女声》是移动互联网尚未像现在一样普及时，传统电视节目和观众互动性体现的一个高峰，被称为选秀节目的1.0时代。十多年后的今天，互动性已经内化为电视节目的核心要素，技术的发展实现了节目和观众的全息互动，新的观感体验产生，观众可以更好地融入节目，甚至成为节目制作的一分子与节目走向的决定者。

在电视的转播与接收中，各种各样的互动形式层出不穷。现在视频播放中的"弹幕"，就是网络节目互动性的主要体现之一。浏览该视频的用户可以随时对视频内容发出自己的感想或建议或吐槽，并实时上传到视频页面滚动播出，其他用户也可以即时收看，用户与用户之间也经常使用弹幕对视频内容进行交流。在2014年的金鹰节互联盛典上，就有了弹幕、虚拟3D、四维动画等各种不同的互动元素。"观众可以通过观看节目，扫描电视二维码刷屏就会领取到包括App会员、红包、道具、延伸产品等各类奖品。同时，卫视还把弹幕吐槽搬到直播的电视屏幕上，只要用户在视频网站上评论留言，甚至吐槽，都会即时出现在电视屏幕上。"[1] 可以看出，传统电视正在积极地向新兴的互联网互动方式靠拢。弹幕作为当下年轻人青睐的一种边看视频边交流的行为，也让观众在感受浓厚参与感的同时，对视频网站的喜好和忠诚度同时增加。

此外，还出现了可供观众在观看直播过程中自主自由切换转播机位

---

1 胡艳.数字技术助推传统视频互动性升级转型[J].西南民族大学学报,2015(2).

的新互动方式。在备受瞩目的2015年湖南卫视跨年晚会上，其网络视频直播中有着各种机位可供观众自由切换，通过观众根据自己的倾向自由选择全景、近景等机位，在享受全角度欣赏晚会的同时，成为晚会的独立"导播"。"同时，这种选择作为受众的浏览痕迹、网页留言、画面选择等因素，都将成为媒体掌握的一手资料，进行受众分析，作为节目改进的参考。"[1]

有人将2016年的湖南卫视大型音乐互动综艺节目《我想和你唱》比喻成一场"科技+互联网的音乐大梦"，在这场"音乐大梦"里，导演希望让观众感受到的是："希望在这样一个时代，在音乐面前大家是平等的，唱歌是每个人的权利。"在这样的主旨下，节目采取了明星与粉丝同框合唱的形式，给予了粉丝极大的发挥空间，激发了粉丝的参与意愿，并将他们作为普通人的情感、生活、个人经历在节目中放大。而在跨屏融合方面，节目采取线上线下紧密结合的报名模式，通过手机App投递报名视频，网友点赞数前6名将获得与偶像同台的机会，最后进入到节目现场。

与此同时，移动互联网使得观众互动参与的方式更加便捷，科技正在改变我们的生活方式和娱乐方式，让电视节目变得越来越不一样。《我想和你唱》率先在电视荧屏上融入"网综"式剪辑，同时，从现场唱区报名到手机K歌软件，短短两个月时间内，超过150万人视频参与，这是在之前《超级女声》的1.0时代"想都不敢想"的参与量。时至现在的2.0时代，参与一档互动音乐节目不再需要千里跋涉、现场报名，任何人只要在手机上下载一个App就可以和明星对唱，几分钟就可以完成，然后还可以分享给朋友看。"我觉得，时代性在这个节目里看得清清楚楚。"节目总导演王琴提到，这是"从来没有尝试过的，一个新的模式和类型。"[2]这种时代性，正是"互联网+"时代的电视节目创新的动力与源泉。

---

1 胡艳.数字技术助推传统视频互动性升级转型［J］.西南民族大学学报，2015（2）.
2 何佳子.我想和你唱：用科技+互联网造一场音乐大梦［Z］."广电独家"，2016-7-16.

三、节目变形与对接

这种互动还开始体现在节目的"变形"对接上。如湖南卫视的"呼啦"App，就通过和游戏的对接与用户互动，这款 App 被湖南卫视引入了角色养成类游戏的元素，吸引用户增加打开电视应用的频次，以用户扮演角色完成游戏的方式实现互动和参与感。

此外，电子商务也与电视节目进行了更深入的绑定。过去，广告收入的主要载体是播出节目中的广告时间及冠名、广告植入等形式，而在如今，这种互动对接更为深入。2014 年，电视领域一个备受关注的热点节目就是东方卫视的《女神的新衣》。这个节目较过去其他节目很大的不同，就是更好地实现了电视节目和电商的新式对接。《女神的新衣》在节目过程中，深度融合 App"明星衣橱"，做到了让观众在观看过程中随看随买。"用户通过收看电视节目选中自己中意的衣服，扫描二维码即可跳转到 App 上进行购买，把电视节目的商业化水平推向了制高点。"[1] 2015 年的京东衣橱和爱奇艺联合制作的《爱上超模》更是这类节目的翘楚。节目和相关游戏、商家的对接借助互联网打通了各个业态间的壁垒，并让观众能够在节目中获得更好的参与感和体验感，在拓展商业形式、元素的同时，也极大地增加了用户黏性。

四、电视的社交绑定

社会化是"一种过程与趋势，人们在社会化的网络中形成了为其生存环境所认可的社会行为模型"。[2] 社交网络作为互联网极为重要的一个组成

---

1 张蓝姗. 浅析电视与互联网的双向渗透现象[J]. 中国电视，2015（2）.
2 方师师. 中国社会网络中的动态媒介过程：关系、结构与意义[D]. 上海：复旦大学，2013.

部分，在"互联网+电视"领域也扮演着极为重要的角色。

1. 社交电视

当年美国有线电视新闻网（CNN）通过脸书直播美国总统奥巴马的就职典礼，成为社交电视服务的起始，这一事件也造就了社交媒体和电视媒体融合的一个发展契机。社交电视能够让用户在看电视的同时连接社交网站，从而实现社交和电视的互动沟通。

例如，谷歌电视可以让用户在一个电视屏幕上导航电视频道和应用程序，用户可以使用"画中画"模式在自己的电视屏幕上边看电视节目边使用互联网，边看电视边打开社交软件进行实时分享与评论。[1]

这种社交电视的出现，使得传统电视机摆脱了自身的"独立单元"，它通过社交网络的黏合使得每个家庭一直独立存在的电视机成为有效的信息传播位点。这种变革打破了过去客厅的空间限制，将电视机从客厅中解放出来，以用户的互动为基础，让共享这个概念消融空间的距离感，在参与感与集体感中获得不同于过去的观看体验。

2. 电视社交应用

终端是电视社交非常重要的一个环节，与终端相关的应用也非常重要。目前，发展较好的各大电视社交应用，国外有Tunerfish、Zeebox、TV-time以及Miso等，国内有微看电视、火花电视剧、蜗牛、卫士通等，这些用户规模不俗的电视社交应用，使得电视的社交功能取得了更加宽广的拓展。

其中，蜗牛TV是一款基于社交电视的手机应用，由它所建立的蜗牛社区能够为使用者海量的涵盖全球的各种电视节目预告。"用户可以通过浏览点赞、转发以及评论数来确定想看的节目，社区也会主动在节目即将播出时进行智能提醒。值得一提的是，只要用蜗牛社区的App扫一扫电视提供的二维码，用户的移动端就可以变身为电视节目的遥控器"。[2]

---

1 王昊.以个性化需求为导向的智能电视交互设计研究［D］.无锡：江南大学，2013.
2 辛梓，杜志红.社交电视：多向互动形成"新收视率"［J］.青年记者，2015（6）.

在意识到社交媒体的强大能量之后，各大电视媒体也开始积极谋划，考量能否通过自身搭建社交平台，以增加用户对于节目的关注和黏性。在 App 大规模发展的今天，各类以电视台为核心的电视社交应用开始出现在观众的视野中。以江苏卫视为核心的"乐享电视"，依托湖南卫视而成长的"呼啦"，已经具备一定用户基础的东方卫视的"哇啦"以及正在蓬勃发展的安徽卫视的"海豚互动"，这些相关的卫视社交应用都在不断开发新功能以拓展新的用户群，努力拓展成为全功能的平台式社交应用。

3. 传统社交媒体

在传统社交网站领域，不能不提到新浪微博。自 2009 年 8 月上线至今，新浪微博成为国内最受关注的互联网社交媒体，随着 2010 年新浪微博一跃成为国内排名第二的传播平台，该年也被业界认为是微博发展极为关键的"元年"。根据数据显示，在 2014 年年末，新浪微博的用户数已超过 2.49 亿，全平台平均每天产生 5000 万条以上的内容。如此有传播影响力的一个平台，自然受到了电视媒体的关注，开始探索相关的融合。如曾引起广泛关注的《非诚勿扰》，在其大热时几乎每期都能产生一个在互联网社交媒体的"爆点"话题，从而引起互联网社交媒体的热议，进一步推高节目热度。浙江卫视的《中国好声音》也是借助互联网社交平台实现观众互动的标杆，在节目的播出过程中以微博进行观众互动，并在节目中呼应相关的微博热门话题，打造了衍生节目——《酷我真声音》。

而湖南卫视的《爸爸去哪儿 2》则是以"组合拳"的形式，进行社交媒体互动、节目互动、微信互动、微博互动、话题讨论，这种微访谈、微网站、微社区的形式把"互联网 + 电视"的社交互动性推向了新的时代。在当前的时代背景下，"互联网 + 电视"的社交化发展已经势不可挡。

第四节 用户为王

在过去，电视观众被称为受众，而在互联网快速发展的今天，"用户"这一表述开始逐步代替这一旧说法。"受众"和"用户"，其内涵与核心理念有很大差异。在过去，电视媒体的话语权极高，从电视媒体向电视观众的传播过程主要是单向的，观众只是简单的接受者角色，在整体关系中的参与度较弱；而现在的互联网思维，是以使用者作为最重要的核心，制作主体更多的是从使用者的角度去考量和发力，这使得观众的地位较过去有了非常大的不同，并成为至关重要的元素。[1]凤凰卫视总裁刘长乐曾言："海量信息时代，谁掌握了用户这个稀缺资源，谁就掌握了主动权。"

"互联网+"时代的人性化体验把更加考虑把用户的偏好作为设计产品和商业模式的主要考虑因素。正如小米创始人雷军曾提到的那样，只有极度贴近用户，与之交流，建立情感维系，才能支持产品的发展。而过去传统的电视和广播，主要是一种"我说你看（听）"的传播形式，而新时代的互联网电视，则更注重对于用户诉求的挖掘，以用户的需求为主导的取向愈加明显。

---

1 怡然.互联网＋电视，五个关键阶段不能忽视［EB/OL］.（2015-5-14）［2015-10-15］. http://news.sina.com.cn/m/2015-05-14/103131831465.shtml.

一、"倾听你的声音"

过去，传统的电视媒体是高高在上的，电视节目的调查手段和方式也都相对单一，不能非常及时并清晰地掌握观众的感受与意图。当然，也有一部分原因是过去电视播出平台和电视节目作为"稀缺资源"，制作主体有着较大的主动权。而在互联网、数字技术高度发展，电视产业快速扩张的今天，电视节目海量出现，尤其是互联网播出平台的出现，使观众某种程度上成为了市场追逐与抢夺的"稀缺资源"，这也使得观众的喜好和倾向越来越受到制作主体的重视。

以美剧《纸牌屋》为例，这部剧作完全不同于过去美国多以电视台为主导的制作主体模式，而是由视频网站奈飞网担任制片方。这个从事影视在线租赁交易的网站，其电影销量约占据了美国在线电影总销量的一半左右。他们依据自己庞大的用户群体，分析观众最喜欢的节目题材和情节，选择观众最喜欢的主创团队，完全以观众偏好为导向炮制了这部电视剧，并且一经推出就受追捧，成为风靡全球的现象级热门电视剧。

《好奇大调查》是另一种意义上的用户为王，这档由搜狐微博及湖南卫视合作出品的主打观众微博互动的节目，通过选取观众最感兴趣的选题，选取他们想要知道、感到好奇的问题在节目中进行解答。对于观众而言，就是观众想要知道什么，制作主体就需要努力给出答案。

同类型的还有爱奇艺出品的说话达人秀《奇葩说》，通过新浪微博加话题的形式，向众多网友广泛征集节目辩题，既宣传了节目本身，又集思广益充实了节目内容，一举两得。再比如许多网络自制剧利用网络时代下的大数据，包括一些投票、转发量来决定演员和剧情的发展、结局，这样创作出来的剧既可以满足受众的心理需求又让收视率大大提高。在大多数的视频网站自制节目里，用户既是浏览者、接收者，又是参与者和制作者，这种运营方式不仅提高了用户黏性，还使节目内容资源更加丰富。

在"互联网＋电视"的时代，似乎权力的天平已经开始倾斜，当市场开始以观众为标杆，各种制作主体开始以最大的诚意倾听观众的声音，以观众为本，探寻观众真正接受和欣赏的内容，并以此为自身努力的方向，这对整个电视节目的生产和传播都产生了深远的影响。

二、"私人定制"

一项由尼尔森对中国的相关电视进行的调查显示，目前，中国在电视观众方面已经开始出现一定程度的细化分层，人们对于电视节目的形式、内容等方式已经有了不同的倾向，人们现在有了自己的挑选，不再是一味地接收信息。[1]过去那种单一的靠高规格节目取胜的大而全模式，被灵活多变的小而专节目所替代。不同的节目制作主体开始懂得走差异化道路，生产小众化产品，得到某个特定群体的偏爱，市场的进一步细分，使得各个生产主体开始懂得以差异化打造自身竞争力核心。如以二次元年轻化为主的网站哗哩哗哩、以游戏为主的17173视频、以化妆为主的美播网等这些为不同需求不同兴趣所打造的视频网站开始崛起。与电商的发展类似，在"互联网＋电视"领域也开始出现"综合视频网"和"垂直视频网"的分化。观众有了比过去几十年的任何一个时期都多的选择，在海量的节目资源中，去选择自己真正需要和喜欢的那一个。

在"互联网＋"时代的电视行业，这种多元化和差异化已经成为一个主要的发展方向，节目制作主体开始考虑不同的分层观众所关注的不同内容，以便打造不同的节目满足不同需求的消费者。以英国广播公司（BBC）的一档节目《我为购物狂》为例，这是一个以热爱购物人群为核心定位的节目；而与之类似的，是美国全国广播公司（NBC）的《超级减肥王》节目，这个节目的观众定位于所有有减肥需求的人群，内容是通过一系列的

---

[1] 姚曦，张秦. 碎片化时代，电视能走多远［EB/OL］.（2007-1-6）［2015-10-20］. http://media.people.com.cn/GB/5252571.html.

节目环节，最终实现参与者的成功减肥。还有地区利用本土特点推出的"私人定制型"节目，比如韩国的《Let 美人》就是一档全程记录女性蜕变的充满正能量的节目。每期都会选取一位在外貌上有着严重缺陷的女性，通过一系列神奇的整容术让她们实现美丽梦想，重燃生活的勇气。其中很多女性甚至成为模特、艺人，彻底颠覆了原本平凡的生活。这些节目精准把握人群需求，目标明确。正像专家所预测的那样："大规模的个体信息定制将成为可能。媒体将变得更加智慧，更能满足人们个性化、情境化的需求，成为人们获取特定信息的'阿拉丁神灯'。"[1]

---

[1] 怡然.互联网＋电视，五个关键阶段不能忽视［EB/OL］.（2015-5-15）［2015-10-22］. http://www.ttacc.net/a/news/2015/0515/35427.html.

第五节 碎片化

在如今这个碎片化的时代，海量的信息源降低了人们获取单个信息的时间和成本，而无数的网络链接，也使得人们对于单一信息的关注时间越来越短，这些信息流就像一条条无边际的线所组成的铁丝网一样，将时空切割为一个个微小的个体，受众在面对无数的个体信息时，注意力被迫分散，面临过去无法比拟的多样化选择。[1] 有人说是互联网的出现导致了碎片化的出现，也有人说是高速运转的社会生活让碎片化开始普遍出现在现代社会中，不可否认的是，社会生活的变化，也正在改变着我们的文化生产与消费。

一、收看行为碎片化

进入 4G 时代之后，Wi-Fi 开始普及，随时上网成为可能，全球进入了移动互联网时代。科技的进步给整个视听领域也带来了深刻的变化。近两年，用户在电视机甚至 PC 端收看视频节目的比例持续下降，而手机端的比例则在持续上升。数据显示，截至 2014 年 12 月，我国网民规模达 6.49

---

[1] 李娇雪.碎片化时代视频网站的内容营销[J].新闻与写作，2014（6）.

亿人，互联网普及率为47.9%，其中手机网民规模达5.57亿人，较2013年底增加5672万人。网民中使用手机上网人群占比由2013年的81.0%提升至85.8%。[1]而在视频收看方面，71.9%的视频用户选择用手机收看视频，其次是台式电脑和笔记本电脑，使用率为71.2%，手机成为收看网络视频节目的第一终端。平板电脑、电视的使用率都在23%左右，是网络视频节目的重要收看设备。[2]

这代表着移动互联网大潮下移动视频消费习惯开始快速养成，用户碎片化观看行为成为常态。与这种碎片化行为相呼应，爱奇艺开始着手解决多段碎片观看行为可能遇到的问题，如利用"云端技术"和"云端播放"，使得用户的收看行为能够保持时间和空间上的连续，为这种碎片化习惯服务。

二、内容生产碎片化

今天，一个不争的事实是用一整晚的时间端坐在电视机前收看电视剧或娱乐节目的人越来越少，而在上下班途中或者工作休息间隙捧着手机观看视频成为日常生活中的常态。观看行为的碎片化反过来影响着节目的生产与创作，使电视节目不断做出适应性的调整。

这几年来非常火暴的两部网络电视剧《万万没想到》和《屌丝男士》，就是主打互联网流行话题，以无厘头和吐槽为卖点，将每集时长控制在十多分钟内，以此迎合互联网时代碎片化的取向。在《屌丝男士》的每一集中，都由若干个场景不同的"微段子"组成，各集与各集之间、各个段子与各个段子之间在情节上的联系较弱，方便随时观看或暂停，而且笑

---

1 CNNIC：截至2014年我国网民达6.49亿，手机网民5.57亿［EB/OL］.（2015-2-3）［2015-10-25］. http://www.techweb.com.cn/internet/2015-02-03/2121819.shtml.

2 CNNIC：截至2014年我国网民达6.49亿，手机网民5.57亿［EB/OL］.（2015-2-3）［2015-10-25］. http://www.techweb.com.cn/internet/2015-02-03/2121819.shtml.

点密集，受到了网民的欢迎，每一季的推出都能引起极大的关注。在此基础上，《万万没想到》的主创团队还打造了《报告老板》《学姐知道》《名侦探狄仁杰》等一系列网剧，《屌丝男士》的出品方也推出了相同类型的《极品女士》，都受到了网友的追捧。

在碎片化的网剧内容出现后，不少的网络综艺节目也开始朝着这个方向演化。比如腾讯视频原创的《你正常吗》，就是综艺节目碎片化传播的一次成功试水，节目各种千奇百怪的问题，为了让节目内容碎片化的效果达到最大化，在后期制作时剪辑组还特意加快了节目的整体节奏，还把原本完整的节目拆成了几个大的"碎片"，将每一个碎片按照关键词的方式分门别类，并将最吸引观众的片段单独拿出来做成宣传片播放。同样，搜狐视频联合韩国制作团队推出的《隐秘而伟大》，每一期的节目内容只有十几分钟，也是走的"短平快"的碎片化路线，但是首播后，其话题效应迅速引爆，占据排行榜电视节目第一位、热门娱乐微博第二位的位置，达到了卫视顶级综艺节目的影响力级别。[1]

无论是群体话语的构建、大数据的应用，还是多种多样的互动性呈现、用户为王的诉求转变，以及碎片化的内容呈现，这些都是"互联网+电视"产业随着社会、生活不断演变与更新的表征。当然上述特征也会随着时代的进步而不断变化，"互联网+"时代的电视也许仍会有各种新的方向与"个性"出现，它使我们不断去探索，并从中寻找更大的"互联网+"时代的电视发展空间。

---

[1] 赵小冰. 搜狐自制节目《隐秘而伟大》称要名利双收 [N]. 信息早报，2014-5-7.

第四章

"互联网+"时代的电视内容生产

　　本章从内容生产的角度探讨"互联网+"时代的电视业。从一些典型节目案例入手，探讨真正的互联网节目的特性，包括年轻化、构建个体认同感、草根的狂欢、快节奏等，同时，从节目类型、节目诉求、节目价值等角度分析目前电视节目内容的格局，分析未来互联网时代电视节目内容生产的策略与趋势。

第四章

第一节　电视内容生产的变革

一、当改变悄然发生

任何一次科技进步与思想革命，都会清晰无疑地呈现在这个时代的社会心理、文艺创作与文化生产中。今天，电视节目内容的生产也如此。无论是节目创作理念、节目生产方式还是节目表现形态，都在互联网思维的影响下悄然发生着改变。"以用户为中心""关注用户体验""重视长尾草根用户""快速开发&迭代更新""大数据决策"等互联网思维对电视节目的创作产生了深刻影响，也颠覆着电视节目的传统创作思维，并生产出大众所真正需要的文化产品。

互联网思维给电视节目创作带来了浓厚的后现代主义特征。"网络媒体与后现代主义敢于表达、追求创新、代表大众意识的思想有所相承，适应了消费时代的社会审美节奏和碎片化信息接收方式，群体性创作、可复制化和网络化传播的特征，满足了日常生活审美化的需求，'边创作边消费''参考消费而创作'的互联网思维正应运而生。"[1]

互联网也带来了深刻的自由与平等精神。以《我是歌手》为例，节目

---

[1] 冯宗泽. 网络时代综艺节目创作思路转型[J]. 现代传播, 2014（6）.

将华语乐坛的明星大腕放在一起竞技,由500位普通观众来当评委决定去留。在节目里不分"大咖""小咖",明星都是选手,而普通观众摇身一变成为裁判,在这里,平等、开放、去权威感已经深入人心。

互联网思维还使电视节目创作更加趋向年轻化。目前的电视节目收视率或流量之争,也成为对年轻电视观众的争夺战。尼尔森网联与OTT服务提供商优朋普乐联合发布的《互联网(OTT)电视受众研究报告》显示,通过为受众提供全新的收视体验,互联网(OTT)电视正在将庞大的年轻用户群体带回电视荧屏之前,对电视媒体的年轻化和覆盖人群结构的广泛性起到了重要作用。在这样的背景上,电视台和视频网站的节目从影像、语言到主题、情境都更明显地反映了年轻一代的趣味和审美。比如湖南卫视自日本引进的大型创意实境游戏秀节目《全员加速中》,每期邀请一群年轻当红的艺人进行"街头生存游戏",通过设计主题、剧情、角色、环节来让参与者们在某个特定环境下进行"自救",不管是从形式还是内容上都符合了现代年轻人的兴趣,节目也定位于吸引年轻群体受众。

二、内容生产适应播出平台

麦克卢汉曾说,媒介的形式规定着媒体的内容。互联网时代,电视节目或者视频内容的播出平台不仅仅是电视机,还包括PC、平板电脑、手机、移动电视等。各种各样的传播平台,对内容生产提出了不同的要求。换言之,电视节目在研发、生产阶段,都需要考虑到不同播出平台、不同屏幕的内在要求。

例如,对视频网站来说,节目自有自己的一套逻辑。正如马东提到的那样,"不同于传统内容生产方式,互联网上的纯网内容已经出现。它是更高阶的网络自制,意味着新的价值观、新的视频逻辑、新的应用场景。"[1]

---

[1] 王珏. "互联网+"给电视带来了什么?[N]. 人民日报, 2015-5-14.

在移动电视节目中，为了适应播出平台为交通工具车载电视以及上下班人群的通勤需要，节目内容普遍短小精悍，以碎片化传播为主，短片多是三五分钟，信息量较大，同时，以画面和字幕为主，声音元素为辅，因为在地铁、公交等嘈杂环境，有声传播往往受到限制。

此外，手机视频也根据其屏幕尺寸、便携性强等特征，具有差异化的内容特性。据统计，美国最受欢迎的10类手机视频内容是：电影预告、音乐、体育节目或新闻、喜剧视频、天气信息、娱乐或明星新闻、地方或国家或国际新闻、电视剧或电影视频、电视焦点内容、动画或卡通片。在镜头形式上，以特写、近景画面和明亮画面为主。例如新华社与中国联通合作专门为手机量身打造的新华视讯，节目形态为30秒以内的口播新闻，以近景镜头为主，字幕字号更大，在手机上播放取得了良好的效果。[1]

因此，内容生产与播出平台被紧密地捆绑在一起，也是互联网时代视频内容生产的一个重要特征。

三、节目边界模糊

尼葛洛庞帝曾说："数字世界全球化的特质将逐步腐蚀过去的边界。"在媒介融合的大背景下，不仅不同媒介之间的边界日益模糊、融化、消失，传统电视节目与网络视频之间也在不断移植、越界、互渗，导致它们之间的边界也越来越模糊而难以区分。

比如公众微信号"一条"，每天为用户上传一条优质原创视频，定位于"生活、潮流、文艺"。其中介绍了茶道、美食、建筑、手工艺等主题，比如《隐世小店》《二十四节气》《生活颗》《城中潮客》《独立设计》《男士型格》《中国建筑新浪潮》《达人厨房》等，展现一些对生活有所追求、有格调的人物的日常生活，浅景深的特写镜头、干净的背景、舒缓的旁

---

[1] 田维钢. 手机视频节目产品特征探析[J]. 现代传播, 2010 (11).

白,"有人有故事有音乐",节目透出一种浓浓的时尚、优雅文艺范儿,品质并不输于电视台播出的节目。在这里,电视节目与网络视频的边界已经模糊。从内容、价值观和制作水准上都更加接近。

此外,很多节目本身就是多平台搭载的,例如浙江卫视的《中国好声音》(现已更名为《中国新歌声》)、央视的《中国好歌曲》、江苏卫视的《蒙面歌王》等在电视上首播后,相关的合作网站就会推出当期的音乐"纯享版",即纯粹的演唱环节的版本,去除了演唱前的自我介绍及演唱后的导师点评等环节。同时还会结合网络平台的特性推出衍生节目,比如搜狐视频就与灿星制作共同开发了《冲刺好声音》,开启网络通道,选拔优秀学员冲刺下一季的好声音正赛,进一步推动《中国好声音》在网络平台上持续升温等。这些在合作网站上线的视频,内容由传统的电视节目衍生而来,同时又具有网络视频的特性,这也使得传统的电视节目和网络视频之间的边界被打破,实现共生和共享。

第二节 "互联网+"时代的节目内容特性

一、《奇葩说》：一档真正的互联网式节目

2014年，时任爱奇艺首席内容官的马东携蔡康永、高晓松创立了对互联网节目具有里程碑式意义的《奇葩说》。这是一档以"好好说话"为口号的辩论节目，每期节目就一个话题由各三人组成的正反方以及支持正反方的导师和两排议员展开辩论，通过现场一百名观众的跑票数量决定胜负，跑票数量为辩论开始前观众支持某一方的数量与最终支持某一方的数量之差。

区别于"严肃、精英化"的传统辩论节目（如《国际大专辩论赛》），《奇葩说》把"奇葩"二字发挥到了极致。首先是选手奇葩：选手队伍中既有辩论界的精英——马薇薇、邱晨、黄执中这三位奇葩之王都是参加过《国际大专辩论赛》的顶尖辩手，也有充满综艺效果的娱乐人物，如"少奶奶"肖骁、"咆哮女王"范湉湉、"大美玲"姜思达，两类截然不同的人同台竞技，许多极具趣味性的"爆点""金句"应运而生。其次是话题奇葩：节目选取的话题跨度极大，从讨论日常琐事的"该不该催朋友还钱""朋友圈要不要屏蔽父母""女生该不该主动追男生"到讨论社会、哲学命题的"如果一个月后就是世界末日，当局应该公布消息还是秘而不宣""长生不

老是不是一件好事"。同时,《奇葩说》的话题还颇敢于触碰一些敏感部分,在第二季《奇葩说》中甚至讨论了"该不该向父母出柜"。该期节目虽然遭到了"下架"处理,但对社会是否接纳少数群体的话题引发了思考。最后是广告奇葩,作为节目的重要资金来源,广告冠名必不可少却又往往使观众厌烦,而节目却发明了所谓"花式念广告法",不仅把广告语设计的好玩有意思,更经常设定情境或出其不意地拿广告语来"抖包袱",既让产品充分曝光,又让观众感受到出其不意的乐趣。

《奇葩说》使这样一群有口才和头脑,同时幽默风趣又犀利辛辣的人成为了新的大众偶像,也让许多社会性话题得到了关注,更重要的是,节目并不仅仅追求效果和娱乐性,还将话题引向了深度讨论,带着广大受众一起思考,从家长里短的小事中折射出当下社会的运行逻辑,公平与正义的关系,死亡对于生命的意义等重要内容,再加上节目中的"花式念广告",也无怪乎《奇葩说》能够名利双收。

《奇葩说》顺应了互联网时代受众的需要,也定义了这个时代网络节目的特性。它和过去我们所看到的电视台的任何一档脱口秀或辩论节目都不同,选手观点独特甚至标新立异,话题劲爆,画面元素、服装道具、节目包装风格都独树一帜,具有强烈的网络文化特性,它标志着互联网时代的节目内容创作正在经历巨大的变化。

二、创作理念的进化

互联网精神是自由的、开放的、平等的、互动的、个性的,因此,基于互联网的电视(视频)节目内容也具有同样的特点。

1. 构建个体认同感

大部分观众会被某一个或者某一类节目所吸引,第一是因为节目内容能够使观众有认同感,得到情感上的体验和愉悦。第二是节目的形式能够让观众有参与感、代入感,能和节目有深度的交融。

弗洛伊德强调，个体认同感与潜意识当中的"本我"部分紧密相连，也就是说，个体认同的事物往往是潜意识当中"本我"的现实反映。对于其他媒体来说，电视更富有亲和力，更接地气，关注大众的现实生活细节。而电视特殊的媒介属性，又将生活细节放大，将传播平台同普通受众紧密地联系在一起，因此，受众的参与感得到空前提升。受众潜意识中的"本我"部分，即那些在现实中难以实现的部分，通过电视媒介角色形象得以实现，并产生强烈的自我认同感。

以湖南卫视的《我是歌手》为例，节目组在策划时就充分发掘受众的自我认同感，满足受众的自我实现感，普通观众摇身变为评委，明星换作参赛选手，将昔日明星大腕才有的评判与裁决的权力交给了受众，增强了受众的参与感，同时极大地提升了受众的自信心与满足感。看似反常规的华丽变身，实则是潜意识中"本我"的释放，身份角色的转换为受众提供了全新的收视体验与互动模式，岂能不征服受众？受众根据对自身的认知，去完成对歌手的理解，产生情感的、心理的以及文化的认同，从而获得一种社会身份认同与满足。[1]

另外，构建个体认同感，节目中会更多地去表达个人化的情感、观点和主张。说教的意味更少，个人化的表达更多。正如黑格尔所说"每一个人都是一个整体，本身就是一个世界，每个人都是一个完满而有生气的人"，节目中的嘉宾不再是隐匿在群体中的"那一个"，而是能够引起观众共鸣的"这一个"。《奇葩说》节目当中，每个嘉宾都是独特的个体，抛开了以往传统的说教式辩论方法，而是用个人的经历、情感去论述观点，表达主张。不管是社会记者董婧用"我的当事人王先生"经验式的举例，还是公开出柜的姜思达用自己的暗恋经历现身说法，抑或是失去父亲的议长马东通过曾经和父亲相聚的梦境来总结陈词，都让观众感受到强烈的情感共鸣。这种个人化的、真诚的情感表达，使观众建构了更加强烈的个体

---

[1] 冯宗泽.网络时代综艺节目创作思路转型[J].现代传播，2014（6）.

认同感，形成了节目忠诚的粉丝群体。

2. 草根的狂欢

实际上，从十多年前的《超级女声》等平民选秀节目开始，电视已经开始将综艺舞台彻头彻尾地转变为草根街头狂欢的广场。"广场"作为与殿堂相对应的一个词语，被赋予了通俗性、大众性和平民性的文化意味。作为草根休闲、交流的区域，它不再像殿堂那样给人以威压感和森严感，而是充满轻松和愉悦。更重要的是，它是全民参与的、供人们自娱自乐的甚至是得意忘形的。[1]在这里，人们获得了一种前所未有的自我意识、自主意识和自由的快感。

以浙江卫视的《中国梦想秀》为例，《中国梦想秀》是一档平民圆梦类综艺节目，致力于帮助平民百姓实现心中梦想。节目设置了梦想大使、梦想助力团的概念。节目中，普通人站上舞台，与梦想大使交流梦想，并通过梦想助力团投票，票数达到要求后，梦想则有可能实现。开播至今，无数的追梦人在这个舞台上，实现了自己的梦想，他们或改善了生活，或与亲人团聚，或成功地展现了自己，追梦人由此获得了梦想成真的喜悦。

"人"是真人秀的核心概念，《中国梦想秀》节目中，无处不流露出对于真善美的追求、对高尚人性的肯定。观众会为轮椅舞者的坚持不懈感动；会为保洁叔伟大的父爱动容；会为残疾人对理想的坚持而鼓掌……《中国梦想秀》完完全全以这些平凡的草根为主体，将节目打造成了平民百姓展现自己、体现自我价值的广场。观众通过节目看到了人性的光辉点，在同样的情感体验上，深化了自身的认知需求，也使观众对节目愈发喜爱。

3. 节奏快、信息量大

随着移动互联网大潮的侵袭，花一整晚的时间端坐在电视机前收看电视剧或娱乐节目的人越来越少，而在上下班途中或者工作休息间隙捧着手

---

[1] 巴赫金. 巴赫金全集（第5卷）[M]. 石家庄：河北教育出版社，1998：169.

机观看视频成为日常生活中的常态。移动视频消费习惯开始快速养成，用户观看行为趋向碎片化。而观看行为的碎片化反过来影响着节目的生产与创作，使电视节目和网络节目在节奏和信息量上不断地做出适应性的调整——节奏越来越快，信息量越来越大。

以这两年大热的网络短剧《万万没想到》为例，它在节奏、信息上的变化主要体现在播放周期和单集时长及内容上。就播放周期而言，一周更新一次，对于这种幽默情景剧，一周更新一次比较符合人们的期待和生活节奏。每集之间没有太多的剧情联系，又能满足互联网场景中大众宣泄压抑情绪的需要。观众是抱着一种放松、娱乐的心态来看网络剧的。而单集时长为短短的五六分钟，正是在碎片化的时间内，快速转移或维持用户注意力的最佳时长。要在这五六分钟浓缩出一集的内容，在客观上就促使制作组把剧情节奏加快，单集的信息量也就伴随着增大了。在第一季播出后，《万万没想到》的点击量轻松过亿，这也是在节奏、信息量上适应网络观看而取得成功的一大体现。这样的电视剧类型，或许永远无法在电视荧屏上播出，然而在网络上却能获得巨大的成功。

4. 深刻的互动体验

在当下的电视节目中，用户可以在观看节目的同时进行评论、提问或者讨论，发送的内容就会及时地显示在电视屏幕下方，以及根据节目中的提醒参与"摇一摇""扫一扫"互动等。国内诸多卫视为了提高观众对节目的参与性推出了官方互动App，比如湖南卫视的"呼啦"，东方卫视的"哇啦"，安徽卫视的"啊呦"和浙江卫视的"蓝朋友"等。

以上届世界杯期间在CCTV-5播出的《5要赢》节目为例，节目以直播形式进行，直播过程中用户可以通过手机App和现场的选手同步答题，一起排出名次，让线下的用户和线上的明星互动互联。答题过程能够和电视上的嘉宾有很强的参与感。观众可以在线上同时作答，如果观众的正确率达到60%，就证明这道题目比较简单，那么现场的选手回答正确能够获得的分数也会相应较低。同理，如果观众答题正确率在10%的题目，那么现场选手答对之后获得的分数会相应较高。与老牌栏目《豪门盛宴》的平均收视率 0.35% 相比，《5 要赢》这档节目的平均收视率提高了 40%—50% 左右，这其实也表明了观众对这种新的联动方式的喜爱。

同时，多屏联动还具有高互动、高转化的收益，比如说《5 要赢》的联动 App 在每期节目开播 10 分钟之内就有 30 万人数的下载，在半个小时之内每个观众与节目互动超过 10 次，节目期间同时在线人数达五十多万，整个系列节目期间 App 的下载量超过 200 万次。因此《5 要赢》就是这样一档电视直播且多屏联动的节目。尽管这是一档电视节目，但更多要的是用户在手机上这样的一种高并发、高频次的互动。[1]

另外，互动性最强的体现之一——弹幕，现在也实验性地用在了电视节目当中。弹幕一开始是网络用户收看网络视频时对视频内容发出的感想或建议或吐槽，并实时上传到视频页面滚动播出，其他用户也可以即时收看，用户与用户之间也经常使用弹幕对视频内容进行交流。2014 年这种互动方式被搬到了电视屏幕上。湖南卫视第十届金鹰节互联盛典的直播画面上就出现了密密麻麻的弹幕，这一创新之举让观众大呼：芒果台的节目更加亲民化、更加年轻化了。但此举也引发了部分观众的不满。第一，大多数观众的注意力被五颜六色的弹幕所分散，主动看节目变成了被迫看评论；第二，有很多观众表示他们所发送的弹幕没有在屏幕上显示出来，这说明电视节目中的弹幕需要通过审查，并不是观众所有发送的弹幕都可以在电视上显示；第三，电视节目团队所精心打造的灯光舞美因为不断滚动的弹幕遮挡得不到最好的呈现；第四，用户在网络节目中使用的弹幕是可以自主开闭的，但目前的电视节目还不具备这样的技术，只能由制作方控制。虽然创新的尝试引发了诸多吐槽，但是在"互联网+"大行其道的今天，已经自觉将各种互动形式应用在节目中，随着技术层面障碍的解决，将营造出更好的受众体验。

---

1 十八兄弟. 多屏互动时代的产品打造［EB/OL］.（2015-9-22）［2015-12-20］. http://www.wtoutiao.com/p/Hc1Uvc.html.

第三节 "互联网+"时代的节目内容格局

一、节目类型差异化

1. "新闻立台"与媒体权威

在信息爆炸的年代,传统电视台不得不接受的一个现实是,人们获取资讯、收看新闻的方式已经大大不同,不必每天晚7点准时打开电视机,人们也可以去了解这个世界正在发生着什么。客户端推送新闻是对传统新闻节目最大的挑战,它使得人们可以随时随地看新闻,并且碎片化阅读让新闻的时效性大大提升,很大程度上已超越传统媒体。根据中国社会科学院发布的《新媒体蓝皮书:中国新媒体发展报告(2016)》显示,手机已经成为重要的新闻信息获取平台,新闻客户端为民众在手机终端获取新闻信息的首选渠道。在这样的情形下,传统电视新闻节目怎样担当起主流意识形态宣传的重任,制作出好的新闻节目吸引观众,重新走进观众的视野,无疑面临着巨大的挑战。

以《新闻联播》为例,每日7点的黄金时间为国家新闻出版广电总局规定的新闻节目时间,而这些新闻来源大多是前一日和当日上午。虽然数字技术让新闻节目制作的时间周期大大缩短,但不得不承认的是,视频节目在时效性上无法与手机客户端的文字报道时效性相比。在这个时间差内，新闻不再"新"，人们会直接通过客户端推送的新闻内容进行先导性的阅读。

然而传统媒体的新闻节目也有新媒体无法替代的优势，最重要的就是新闻报道的权威性与深度解读。

互联网新闻为了争夺眼球，往往采取"标题党"策略，并以"短平快"为主要特征。在这种快速阅读之下，往往很难做到事实求证与深度解读，缺少对当事人的采访、精准剪辑的视频等。网络新闻客户端更像是一个发布平台，这一点与传统电视台所制作的新闻节目有很大的差异。而传统电视媒体则不同。作为党和政府的发声喉舌，每条新闻的播出都经过严格的审核与把关，不仅内容制作相对精良，新闻事实相对准确，同时也自带权威感，在新闻的真实性和权威性方面具有不可比拟的优势。尤其是在一些大型的会议、活动、赛事等重大事件的报道中，仍可以看到"新闻立台"的重要性。例如，两会报道、"7.31"北京申冬奥成功、抗战胜利70周年阅兵式、天津港爆炸事故等，基于传统媒体多年来积累的大规模重点报道的丰富经验，采取新闻、专题、直播相结合的方式，在保证信息量的基础上加强深度报道和新闻评论，赢得了舆论好评，尤其是阅兵式直播获得了 80% 以上的电视收视份额。这些便是"新闻立台"造就媒体影响力和权威度的明证。[1]

那么，观众在电视上想要看到怎样的新闻，又是哪些人在什么时间收看新闻节目呢？

首先，人们倾向于选择在电视荧幕上收看时政要闻，尤其是重大事件和重大活动。据统计，央视占有全国新闻节目市场 70% 的份额，2014 年上半年，CCTV-新闻频道收视份额为 2.99%。在全国所有新闻类栏目收视排名中，前 20 名无一例外都是央视的节目。其中，被坊间称为是"国家

---

[1] 喻国明."互联网+"时代关于"新闻立台"的思考[J].中国广告，2015（12）.

发言人"的《新闻联播》上半年收视率达到11.06%，是国内任何一档综艺节目收视率的5倍以上。[1]

传统电视媒体也深深地意识到了这一点，对于重大新闻以大篇幅、大体量进行报道，以"互联网+"思维打造影响力及关注度。例如，2015年中央电视台新闻频道推出的《数字两会》，大幅拓展数据来源，精准分析百姓热点，突出节目的新闻性，提高百姓的关注度。同时，央视新闻微博、微信、客户端合力推出"议政2015"央视新媒体两会报道，累计发稿1200余条，微博话题阅读量超过7亿人次，微信、客户端阅读量破千万。2016年"两会"，央视新闻首次大规模推出独家新闻资源的"微视频"报道，发布"V观两会"微视频400余条，全网阅读量超过3000万次；首次在"两会"报道中应用微信"摇一摇"功能，实现电视与手机客户端24小时绑定、跨屏实时互动，受众对着新闻频道摇动手机，随时可以进入"两会解码，群策群力"等5款新媒体产品的交互页面，参与互动的网友达到了370万人次。而"两会"直播视频通过央视网多终端、多平台、多语种同步直播，收视达8300万次，是去年同期的1.5倍。央视网还推出"漫画两会"，用动画方式让网民清晰地了解政府2015年的目标和任务，互动专题《2015政府工作报告我来写》上线后，点击量达到213万次。[2]

其次，锁定分众收视，细化新闻内容。在新闻节目目前的收视定位中我们可以看到，相比十几年前，以当下的生活节奏，无论是早7点还是晚7点，新闻收看都是有困难的，尤其是对于一线城市的上班族来说。还有一类固定的新闻收看人群是中老年人群。由于这类人群的智能手机的持有率相对较低，也就成为新闻节目最大的收视群体。而他们关注的新闻节目除了政务新闻以外，则是贴近生活的民生新闻。所以，传统新闻节目在细

---

[1] 祖薇.央视垄断全国1/3电视收视份额［N］.北京青年报，2014-11-17.
[2] 两会大数据［EB/OL］.（2015-3-12）［2015-12-25］.http://www.chinaxwcb，com/2015-03-12/conten_313012.htm.

分新闻内容时,也开始选择更加贴近生活的主题。

民生新闻关注于老百姓最关心的事情,普通人成为了新闻当事人,同时通过微博等网络互动平台交互信息的流动,让电视台与观众实现了互动。

2. 综艺节目的王者之争

从目前电视节目的类型分布来看,综艺节目领域成为传统电视媒体与互联网新媒体争夺的主战场。

在各大主流视频网站的自制节目之中,虽然节目众多,各类型均有涉猎,但比例失衡,以综艺娱乐类占大多数。这一方面是由于互联网媒体的在新闻类节目的制作和播出上先天处于劣势,所以倾向于把大部分精力投入在综艺节目上(如表4-1所示)。另一方面也是其受众多为年轻群体决定的。

近几年网综粗具规模,制作出脱口秀、真人秀、娱乐新闻、访谈等多种形式。网络自制综艺不同于电视综艺节目,其具有门槛低、取材广、周期短、易操作、碎片化传播以及广告植入灵活等特点,越来越受到广告商的青睐,视频网站也嗅到背后的商机,不约而同地在2016年推出了各类网络综艺节目。如优酷重金打造的《火星情报局》《暴走法条君》,爱奇艺独家自制的《撕人订制》《姐姐好饿》《十三亿分贝》,腾讯视频的《大牌驾到》《你正常吗》等。

从图4-1可以看到,2016年93档网络综艺中,主流类型仍是真人秀类和脱口秀类节目。脱口秀节目共有18档,占了21%。生活服务类的数量也达到了16档之多,包括美食、时尚、购物、健身、育儿等多种题材,旨在迎合观众群在实际生活中的各类需求,提供兼具实用性与娱乐性的综艺节目。偶像养成类节目相较以往所占比例更重,这个类型的需求和价值也更多地被挖掘出来。2016年的音乐类网络综艺的比例与2015年大约持平,不过越来越多的音乐类节目开始结合互联网新媒体技术,突出网络综艺的技术优势,例如《歌手是谁》、芒果TV与湖南卫视合作的《我想和你唱》

大胆加入跨屏、直播等元素，强化了网络综艺的互动参与功能，呈现出领先于电视综艺的新鲜感。[1]

表 4-1　部分视频网站的自制节目

类型	名称	节目
专业视频网站	爱奇艺	·新闻纪实类： 《热记录》《天天神评论》等 ·综艺娱乐类： ①资讯类：《娱乐猛回头》《超能大星探》《电视剧有戏》《综艺大嘴巴》《爱奇艺早班机》《爱奇艺音乐榜》《爱奇艺爱电影》《笑霸来了》《神剧亮了》《帕帕帮》《泡菜帮》《环球影讯》《头号人物》《扒神嗨评》 ②文艺类：《音乐不要停》 ③谈话类：《奇葩说》《晓松奇谈》《吴晓波频道》《以德服人》《彬彬有理》《超级脱口》《青春那些事儿》《时尚江湖》《我爱大牌》《爱侃》《爱够了没》 ④真人秀类：《亲爱的我愿意》《众目睽睽》《浪漫满车》《美人心计》 ·生活服务类： 《爱妆达人》《翻滚吧地球》《时尚爆米花》《明星大制作》《时尚巅峰》《纹理》《爱说财经》《街拍瞬间》《星座棋谈》《某某人知道》《小姐爱旅行》《说走就走我们爱旅行》《边走边拍》《健康说》 ·成长教育类： 《星爸育儿经》《妈咪全知道之怀孕手册》等
	优酷	·新闻纪实类： 《优酷全视角》《优酷拍客现场》《我们》《北京青年》《季录》等 ·综艺娱乐类： ①资讯类：《优酷全娱乐》《综艺最爆点》《神评论》《轻松一刻》《全民爆料》《暴走漫画》 ②文艺类：《那些花儿》《优酷榜样盛典》《优酷牛人盛典》 ③谈话类：《晓说》（《晓松奇谈》前身）《鸿观》《聚焦》《老友记》《明星说》《静观+》《王牌戏中戏》 ④真人秀类：《侣行》《男神女神》《我是传奇》《民间牛人》等 ·生活服务类： 《韩流带你去旅行》《女神的衣橱》《静观财经界》《亲艾的衣橱》《每周车间播报》等 ·成长教育类： 《相征》《袁游》《延参法师佛学公开课》等

---

[1] 六大视频平台在网络综艺上的对决！2016年网络综艺全解析［Z］."娱乐资本论"，2016-7-11.

（续表）

专业视频网站	土豆	• 新闻纪实类： 《土豆热》《青春季》等 • 综艺娱乐类： ①资讯类：《土豆最娱乐》《土豆最韩流》《一起玩耍吧》《土豆最live》 ②文艺类：《土豆最音乐》《土豆映像节》 ③谈话类：《土豆神街坊》《响聊聊》《猴子来了》 ④真人秀：《漂亮C-Girl》等 • 生活服务类： 《新城时尚》《败家指南》《土豆健康课》等
	乐视电视	• 综艺娱乐类： ①资讯类：《乐视娱乐播报》《高能综艺咖》《综艺最有料》《娱乐everyday》《乐视风向标》《英超大荟萃》《体育早班车》 ②谈话类：《大牌》《星月私房话》《一年级大会堂》《午间道犀利谈》 ③真人秀类：《奔跑吧少年》《真的假不了》《我为校花狂》等 • 生活服务类： 《这次去南极》《天呐女人》《就好这一口》《可以说的秘密》《魅力研习社》等
门户网站视频频道	搜狐视频	• 新闻纪实类： 《搜狐视频大视野》《搜狐体育播报》等 • 综艺娱乐类： ①资讯类：《搜狐娱乐播报》《大鹏嘚吧嘚》 ②谈话类：《The Kelly Show》《先锋人物》 ③真人秀类：《隐秘而伟大》等 • 生活服务类： 《穿名堂》等
	腾讯视频	• 新闻纪实类： 《某某某》等 • 综艺娱乐类： ①资讯类：《所谓娱乐》《剧透》《有料》 ②谈话类：《大牌驾到》《夜夜谈》《名人坊》《问道》 ③真人秀类：《实习也疯狂》等 • 生活服务类： 《A咖时尚》《美丽宝盒》等 • 成长教育类： 《腾讯V讲堂》等

（续表）

门户网站视频频道	凤凰视频	・新闻纪实类： 《天下兵锋》《防务全球鹰》《锵锵80后》《甲乙丙丁》《凤暴眼》《马鼎盛军事观察》等 ・综艺娱乐类： ①资讯类：《凤凰看片室》《娱乐高高手》《娱乐深喉》《又来了》 ②谈话类：《纵议院》《全民相对论》《凤凰非常道》《两岸大人物》《易见》《年代访》《雪夜漫谈》《对话2020》《总裁在线》《星BAR客》 ③真人秀类：《诚人之美》《西游记》（与丁丁电视联合出品）等 ・生活服务类： 《SUPER妈咪》《健康三人行》《美丽中国任我行》《游艇汇》等

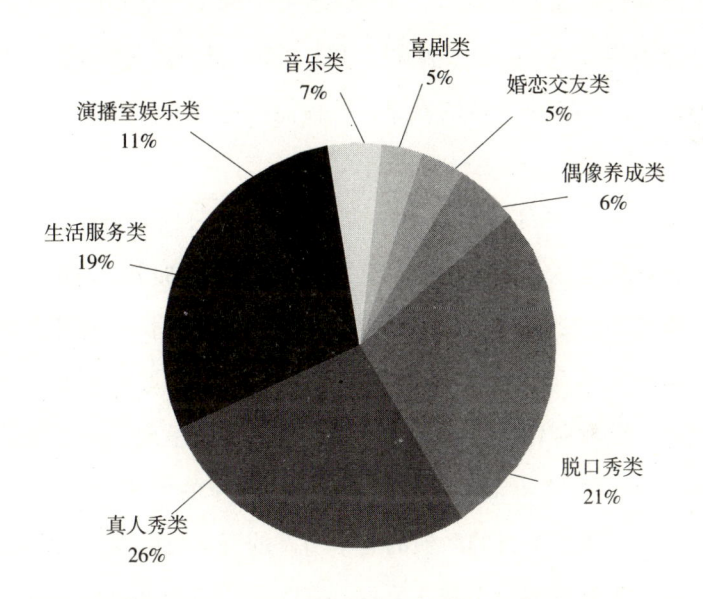

图 4-1　2016 年网络综艺节目各类型占比

音乐类 7%
喜剧类 5%
婚恋交友类 5%
偶像养成类 6%
演播室娱乐类 11%
生活服务类 19%
真人秀类 26%
脱口秀类 21%

从制作团队来看，越来越多的传统电视台优秀制作人和主持人进入"网综"领域并成为制作主力。例如，腾讯视频推出的《约吧！大明星》是谢涤葵从湖南卫视离职后制作的首档"网综"，爱奇艺推出的美食脱口秀《姐姐好饿》是台湾《康熙来了》金牌制作人詹仁雄团队为小S量身打造的。腾讯视频还宣布携手国内金牌制作人成立"嗨联盟"，同时启动10亿网络综艺孵化"嗨基金"，支持优秀制作人、模式研发人员进行节目研发、节目制作。优酷土豆则吸引了原湖南广电副台长王平加盟并担任高级副总裁，全面负责综艺娱乐版块。

从节目题材来看，网络综艺呈现出百花齐放的局面，既有户外真人秀、脱口秀、生活服务类节目等主流类型，也有偶像养成类、音乐类、亲子类等类型，还包括一些模式引进综艺节目，节目类型不断向各垂直领域深耕，给观众们提供了越来越多样化的选择，更加能够满足不同受众群体对综艺节目的需求。

从节目内容上看，网络综艺携带着浓厚的互联网文化气息，普遍注重娱乐性、互动性以及草根表达，这种深刻的"网感"从本质上与综艺节目的娱乐功能不谋而合，一些"脑洞大开"的节目创意，妙趣横生的网络语言，大胆的话题和充满个性的嘉宾，往往能够达到电视台综艺节目所无法达到的效果。

总体而言，电视台与互联网平台都将综艺节目领域视为兵家必争之地，一方面，随着大明星、大投资、大制作团队的加盟，"网综"大有逆袭电视台综艺节目之势，不仅节目数量呈现井喷式增长，节目质量也达到了前所未有的新高度。另一方面，电视台仍然具有雄厚的实力，经验丰富的制作团队、巨额制作经费的投入、大片化的场景呈现、一线明星的加盟等等，使"台综"仍然是目前节目影响力和收视率的保证。

与此同时，综艺节目的激烈的竞争引发的资本与电视人才流动仍然在持续，电视台为互联网公司制作节目，互联网团队为电视台制作节目也屡见不鲜，例如《拜托了衣橱》和《放开我北鼻》是腾讯视频分别与浙江卫视与东方娱乐传媒集团有限公司联合制作的节目，在这里，"网综"和"台综"的界限越来越趋于模糊，壁垒被打破，并进入了合作与共赢的新阶段。

3. 电视剧与网络剧

限娱令之后，各大卫视黄金时段对于电视剧的争夺加剧，而随着中老年群体对互联网从陌生走向熟悉，电视剧的争夺战也从传统电视媒体向互联网电视、视频网站蔓延。

2014年，国内多家视频网站纷纷宣布要大幅度加大自制剧的投入力度，媒体也将2014年称为"网络自制剧元年"。实际上，追溯到2011年，搜狐视频推出的《钱多多嫁人记》和2013年《屌丝男士》系列，便已经开启了网剧制作热潮，收获了一大批粉丝的热捧。虽然制作水平和质量相比电视剧还有着一定的距离，但是其对草根文化的个性化表达以及营销模式的创新，都被视为是业界的标杆。2014年，乐视、腾讯、优酷、搜狐、爱奇艺等多家视频网站都相继宣布"网络自制剧元年"的到来，将削减自制栏目的投入，把更多资金投向自制剧方面。乐视网不但年预期产量达700集，比2013年提高了一倍，还陆续把以前的周播形式改为每天播出一集，并将目标定为每天播出两集，与电视台播剧的速度相等。[1]

2015年，乐视视频的《太子妃升职记》将网剧的内涵再次延伸，游刃有余，尽管相比一些大制作的电视剧，它剧情单一、服装布景粗制滥造、内容低俗浅薄，以至于引起了国家新闻出版广电总局的关注，并勒令其下架整改。但却以非常符合互联网传播特征的台词、营销成为当年网剧中的"爆款"。

2016年，无疑是网剧集中井喷的一年，各家视频网站推出的网剧数不胜数，如爱奇艺自制网剧《余罪》《最好的我们》《老九门》《我的朋友陈白露小姐》不断向类型化、品质化方向探索，如《余罪》讲述的是小人物卧底黑道圈的警与匪的故事；《最好的我们》则延续了《匆匆那年》的青春怀旧，且更加温情治愈，掀起全民怀旧的热潮；《我的朋友陈白露小姐》则又是立足于热门小说IP，打造全新的都市爱情故事；热播的《老九门》作为《盗墓笔记》的前传讲述了民国时期的倒斗传奇，爱奇艺正是用差异化、类型化的探索，进一步拓宽了网剧的内涵和类型，同时其制作精良有目共睹，不再是粗糙的快餐式制作，而是不断走向质量上乘、剧本过硬的品质化路线。

---

[1] 2014年＝自制剧元年？网络自制剧大时代将来临［N］．北京娱乐信报，2014-06-18.

4. 长尾地带：教育服务类节目

正如克里斯·安德森在《长尾理论》中预见的那样："在所有的传统媒体中，电视业是最有可能被长尾力量彻底改变的一个。"[1]它告诉我们，通过对观众（市场）的细分，制作团队集中力量于某个特定的受众群体，或严格针对一个细分受众，像设计一个产品或者服务一样，可以提供最优的观看体验。而一些看上去不那么热门的"长尾节目"，如教育服务类节目，不仅带来良好的社会效益，同时经过发展和积累，"长尾"甚至也能转换成为"热门"。

以北京卫视的《养生堂》节目为例，《养生堂》是北京科教频道于2009年推出的一档健康类养生节目。节目中，国内顶级中医养生专家以浅显易懂的方式，传递最实用的养生知识。2011年《养生堂》移师北京卫视。自开播以来，收视不断攀升，屡创新高。目前，已成为北京电视台乃至全国很有影响力的栏目。《养生堂》采用演播室访谈结合专题片的形式，以"传播养生之道、传授养生之术"为宗旨，秉承传统医学理论，根据传统养生学"天人合一"的指导思想，系统介绍中国传统养生文化，同时有针对性地介绍使用养生方法。栏目的受众人群主要是30—70岁的人群，追求健康、渴望长寿、关注生活形态的长辈以及所有对健康养生感兴趣的人们。栏目宗旨是提倡健康生活、鼓励中式保健，交流养生方式，给予观众一个追求健康生活的机会。[2]

亲子教育类节目以服务学龄前的儿童为目标。CETV-3与光线传媒联合打造的《父母大人》每期十位家长十个孩子，与现场专家以演播室谈话节目的表现方式畅谈成长的问题，深刻而又不失幽默。娱乐化的教育节目不仅做到了寓教于乐，也服务了观众群体中的特定人群，带来可观的影响力与效益。

---

1 毛婷. 长尾理论视角下电视节目未来走向［N］. 今传媒，2014-5-19.
2 李慧子. 从传播学角度分析《养生堂》的传播之道［J］. 科技视野，2013（28）.

5. 网络直播:"野蛮生长"

2016年网络红人"papi酱"在百度视频等8个直播平台进行直播"首秀",90分钟里吸引了超过2000万人观看,并收到超过90万元的打赏礼物和1.13亿个"赞"。而这,只是风生水起的网络直播产业的一个"缩影"。网络直播也和当年的IP一样成了互联网行业的关键词。诚然,网络的直播崛起让它成为互联网视频的风口浪尖,既有迅速发展的机遇,也存在着野蛮生长的风险。

来自市场研究机构艾瑞咨询的数据显示,目前我国在线直播平台数量接近200家,其中网络直播的市场规模约为90亿元,网络直播平台用户数量已经达到2亿人,大型直播平台每日高峰时段同时在线人数接近400万人,同时进行直播的房间数量超过3000个。2016年也成为名副其实的"网络直播元年"。网络直播为什么突然一夜蹿红?人们在直播平台上看些什么?这一产业未来又将怎样发展?

网络直播作为一个比较特殊的节目类型,一些敏感、性、暴力内容也相伴而生,并给行业管理和监督带来了很大的挑战。监管的跟进也意味着网络直播告别萌芽时期的任性发展,从野蛮生长的1.0时代进入追求品质的2.0时代,并要在内容方面进行更多的精细化打造。

2.0时代,"直播+行业"垂直领域的模式将成为直播行业发展的新趋势,比如"直播+金融""直播+传统文化"等。这样生产出接近专业的视频内容,才是特定的、有价值的、不可复制的直播,从内容、策划、包装等方面均具备或接近专业化水准。爱奇艺同样将其触角伸向直播行业,发布了其直播品牌——奇秀,主打明星方面的垂直内容。爱奇艺CEO龚宇表示:"爱奇艺的直播业务更加倾向于泛娱乐属性。"

网络直播的发展也必须找准其生命源泉,在内容上有所创新。爱奇艺直播品牌奇秀打出泛娱乐的定位,给整个视频行业提供了一种选择,将来直播行业到底何去何从,也待在实践中发展检验。

二、节目诉求两极化

在互联网时代来临后，节目内容诉求和功能出现两极化趋势。电视台的大量节目仍以宣传功能、服务功能为主，而互联网新媒体视频平台则主要承载娱乐功能。

一方面，电视台的节目仍然秉承主流意识形态功能，加强了中华传统文化的根植，尤其是 2014 年以来，一些综艺节目在内容创作和价值理念的诉求上有了向人文化、精英化的转向趋势，从娱乐至上转向民族文化与精英文化的内涵与弘扬。电视台出现大批精英走向的综艺节目，如中央电视台《中国汉字听写大会》《我是歌手》《中国好声音》《两天一夜》《真正男子汉》《中国好歌曲》等。其中，电视文化类综艺节目异军突起，使我国综艺节目萌生价值转向潮流，文化类综艺节目已呈现崛起势头。2014 年，中央电视台《中国汉字听写大会》第二季播出后，同时段收视率飙升 4 倍，微博话题登顶热门榜，点击突破 18 万，百度搜索高达 42 万。2014 年 8 月，浙江卫视推出原创文化综艺类节目《中华好故事》，从中华传统故事中探寻民族精神与传统美德；河南卫视与爱奇艺视频网站联手打造的大型汉字文化节目《汉字英雄》在 2014 年更是被国家新闻出版广电总局点名表扬，要求全国广电系统学习借鉴《汉字英雄》等节目经验，积极开办弘扬和传承优秀传统文化的原创文化节目。《最强大脑》体现出的理性精神和科学追求改变中国电视综艺节目精神品格；《我是演说家》理性拆解亲情、友情、理想、人生等多元话题，帮助选手表达情感，并通过竞技坚定信念、重拾斗志；《传承者》力图为 13 亿现代中国观众一一找回远离了的文化之根，激活潜藏着的文化基因，唤醒丢失过的文化之魂；《汉语桥》中文比赛已成为各国大学生学习汉语、了解中国的重要平台，在中国与世界各国青年之间架起了一座沟通心灵的桥梁；《我是歌手》创作态度也很严肃，节目提出要创作中国内地最真诚的音乐节目，倡导的价值观，渲染歌手对音乐的执着与热爱，承担了价值引导的功能。

另一方面，由于网络节目制作环境相对宽松，互联网的综艺节目则更加娱乐化，并以青年亚文化为出发点，迎合年轻人的娱乐需求。网络制作节目打破传统思维的束缚，体现"网生代"价值观。选手们各种看似奇葩的观点，正是"网生代"尊重个性与自由的反映，非常符合年轻人的口味。

但是，互联网节目秉承短时间、低投入换来高产出和高回报的宗旨，在节目尺度上往往大打"擦边球"，其中不乏一些娱乐至上、低俗无底线的节目内容。无论是互联网自制综艺的先锋《奇葩说》，还是新鲜网综《火星情报局》《大学生来了》《姐姐好饿》《撕人订制》《吐槽大会》等，不难看出其对互联网娱乐诉求淋漓尽致的表达。尤其是当下紧张的生活节奏使得受众对感官刺激情有独钟，视频网站便利用此特点，以有暴力、血腥以及黄色内容的节目为噱头来吸引受众，赚取点击量并转化为经济效益。而规范网络自制节目的相关制度不够完善，导致这类低俗化节目处于合法与不合法的"擦边球"状态，尽管受到部分网民的批评，却没有被禁止播出。比如乐视网曾经推出的《魅力研习社》，节目场面暴露，尺度之大令人咋舌，但却疯狂地在网络上流传，也对我国互联网节目的监督管理提出了更高的要求。

三、文化价值多元化

互联网媒体从出生起就与传统媒体存在着巨大差异。传统媒体的本质属性始终是意识形态的表达，天然带有精英文化的特性，不同于互联网文化的草根性和大众化，传统媒体要以观念权威和舆论导向为核心，在坚守精英文化的同时，将触角延伸至大众文化的内涵。

从制作力量上看，电视台多年来培养了一大批专业素养较高的专业团队，因此也出产了很多优质的节目。如早期的《百家讲坛》、崔永元担任制片人的《谢天谢地你来了》以及脱口秀节目《开讲啦》等，无不散发着一种强烈的精英立场。同时，传统电视媒体还孵育了大量的优秀纪录片和专题片。如《舌尖上的中国》连续推出了两季，重点介绍了中国的美食文化，节目制作精良，镜头优美而又有质感。受众通过画面所领悟到的民间饮食的"真实"，是整部纪录片制作全过程中所彰显出的中华地域民俗饮食的意义空间。[1]

相反，过于严肃的节目在网络平台上较难获得生存空间。虽然随着中国网民的增加和素质的提升，互联网节目也在向优质、精良的方向发展，也逐渐由追求流量转向开始追求节目品质，但总体而言，目前互联网节目仍然更多地体现出大众文化的特征。

如搜狐视频最成功的自制剧《屌丝男士》，作为大鹏系列的一个非常成功的衍生品，除《大鹏嘚吧嘚》以外，独立于这个节目的迷你短剧《屌丝男士》在很短的时间内走红网络。《屌丝男士》聚焦的是屌丝文化，归结其表演的特色，主要是"自 high 耍贱、疯癫荒诞"，但这种"屌丝文化"却获得了网友的认同。由原班人马打造的电影《煎饼侠》作为《屌丝男士》的衍生作品，在票房上更以十几亿的收官，说明屌丝文化正是根植于网络文化中的主流所在。

---

[1] 周越辉，王雪.《舌尖上的中国》表现方法分析[J].消费电子，2013（1）.

第四节　变革与新生

一、粉丝经济

当物质生活极大丰富，精神生活的供给紧随其后，受众对于电视节目有了自己的期待，而用户为本位的互联网开始萌芽，传统电视台也是在这一时期开始节目形态的改革。如十多年前的《超级女声》，节目流程的设置中将手机投票放置在了十分重要的环节上，这一突破性的改变创造了巨大的粉丝群体，而湖南卫视也自此开始了真正的粉丝经营和粉丝经济的打造。此外，作为湖南卫视的王牌节目，《快乐大本营》《天天向上》都一直保持着稳定的收视率，无论是"快乐家族"还是"天天兄弟"，都拥有庞大数量的粉丝群体。

一些节目形态以新媒体平台辅助电视节目的播出，造成话题性的、对抗性的争论，而节目在制作时，则以让人意料之外的结果设定让观众大呼过瘾。例如在韩国已经火暴多年的综艺节目"Running Man"，几乎每一期都会引起粉丝对明星的讨论。那么，策划团队是怎样促成这种全民讨论的呢？

以故事带入的手法让观众感到亲近，很多情节以电影的桥段为主。录制剧照通过社交媒体大号公布，有利于前期宣传。而在后期剪辑中字幕组也变成了一个个段子手，很多搞笑的段落通过字幕组的解读变成了全民讨论的焦点。

虽然韩国综艺节目以明星为主，但同时也尽量让明星能够与公众接触，满足公众的观看需求。韩国综艺节目发动全民娱乐的途径有以下几种：一是积极收集群众意见。几乎每个节目都会在播出过程中通过网络等途径征询观众对节目的看法，并积极根据群众意见修改游戏、流程、邀请嘉宾等，激发了受众的参与兴趣，使得节目在全民的智慧下越来越有创意，反过来也越吸引受众观看；二是随时邀请群众参加节目。室内节目自有现场观众与明星的互动，室外节目也总是注意让更多的人参与，很多游戏都是需要路人的配合才能完成，这在一定程度上让更多的人关注该节目；三是主动走出国门开拓国际市场。韩国很多综艺节目都会重视国外受众，经常会制作海外特辑，吸引更多的外国人关注该节目，进而关注韩国及韩国文化，也提升了国家形象。[1] 激发了大众的参与热情，凝聚了大量的粉丝，也对应电视节目的收视率提升起到强大的刺激作用。

二、跨媒体融合

当受众的自主选择性不断加强，服务类电视节目必须进行多元素融合的节目形态改造。而在所有的元素中，娱乐性节目元素是优先之选，甚至很多服务类节目直接以娱乐节目的形式出现，例如职场服务类节目《非你莫属》，主打帮助人们寻找到合适的工作与平台。更多的看点在于老板之间的抢人大战，以及选手应该怎样表现才能获得老板的青睐。此外，《家政女皇》节目介绍生活中的各种小方法，而节目的表现与串联模式则是用搞笑情景剧的方式来呈现的。

---

1 王秋燕. 韩国综艺节目《Running Man》特色分析［J］. 东南传播，2013（10）.

韩国综艺节目《拜托了冰箱》作为一档教大家怎样做饭的节目，深受女性观众喜爱。作为JTBC电视台制作的一档料理类脱口秀综艺，节目环节是嘉宾和自己家里的冰箱一起到节目现场，8位厨师直接使用冰箱里的原材料，两两对决，用最常见的食材，在15分钟内现场做出美食。这些美食简单易行，并且食材都取自艺人的冰箱，每一期都解决明星的饮食问题，最后以做出的美食的口感取胜。这些美食的做法通常不难，15分钟的时长也让观众在时间上没有负担，在家里即使是工作忙也可以有时间操作。例如对于冰箱里剩菜的利用，也是家庭主妇感兴趣的日常生活话题。

主创人员对当下紧张的生活节奏有深入的理解之后，针对年轻的上班族策划了这档厨艺教授类节目。相比较国内的厨艺类节目，韩国的节目因为直接引入了明星嘉宾的冰箱而使节目有了可串联的故事情节，比单纯地教观众厨艺更加具有趣味性和惊喜的感受。

跨媒体融合是融合台网线下的一种众望所归的服务方式。通过电视节目植入广告进行宣传，网站直接购买，实体店体验，创造出一条新的零售产业链，电视的节目形态为了适应这种植入将会通过不同的方式呈现，例如在湖北卫视播放的《爱上超模》就是一档直接购买美国《全美超模》版权的节目，中国版本的出品方为爱奇艺，其中电视台是共同的播出平台。这档节目以展示服饰为主，对品牌进行宣传，以粉丝经济拉动受众购买。

三、坚守底线

互联网环境乱象丛生、鱼龙混杂，再加上当前我国互联网相关法律的缺失，导致互联网视频节目对整个电视行业也带来了一些负面影响。许多节目为了争当"爆款"，吸引眼球，投机取巧打"擦边球"，用比较敏感的话题和出格的形式挑逗着互联网受众的嗨点。这种暧昧的玩法当然也伴随着的高风险，尺度如果把控不好，很容易导致节目被勒令"下架"。比如腾讯视频2016年上线的《吐槽大会》就因为其内容尺度过大而匆匆下线。传统媒体有着较为严格的审查制度，都是先审后播，较少出现播出之后又停播整改的状况，但互联网节目不同，其审查具有明显的滞后性，且按照国家新闻出版广电总局规定，当下大多网络自制内容是由网站自行负责审查，对于审查标准的执行也难免会有所松动，因此一些节目遭遇中途"下架"的尴尬情形也就不足为奇了。

总而言之，互联网环境的复杂性，是短期内无法改变的现实，基于此，从业者更应该保持自身的职业素养和社会责任，在当下多元共生的环境中保持清醒的认识。传统电视媒体的社会属性无需多言，但互联网媒体，作为大众获取信息资讯的渠道和平台，也应该建立起社会责任感，传播先进文化、有底线、有尺度，坚守正能量。互联网环境的净化要求内容生产方在产业链上游就应该把好关。在将大众娱乐狂欢发挥得淋漓尽致的同时，做到节目品质的提升，坚守住应有的道德底线。

第五章

"互联网+"时代的节目播出平台

本章分析"互联网+"时代电视播出平台的竞争与变化。从过去单一的传统电视媒体到互联网播出平台以及自媒体平台的兴起,提出视频内容平台的多元化是推动电视业发生深刻变革的根本原因,分析电视台、视频网站各自的竞争策略以及未来台网联动、竞合共赢的趋势。

第五章 "互联网+"时代的节目播出平台

当前，电视节目或视频内容的播出平台主要分为三类：第一类是传统的电视媒体平台，即中央、省、市、县的四级电视台；第二类是以优酷土豆、爱奇艺为代表的互联网视频平台和以乐视、小米为代表的互联网电视；第三类是近年来备受欢迎的自媒体平台。

迄今为止，电视台是大众最熟悉的电视节目播出平台。电视台是由国家或商业机构创办的媒体组织，通过有线或无线方式为公众提供付费或免费的视频节目，节目播出时间固定，节目内容的来源为台内制作和外购。在我国，电视台全部是由国家和地方政府创办。互联网视频平台通常是指互联网公司的视频网站、门户网站的视频频道以及互联网电视，譬如我们熟悉的优酷土豆、爱奇艺、搜狐视频、腾讯视频、乐视电视、小米电视等。自媒体平台是随着社交网络兴起的一种新兴的平台，与互联网视频平台最大的不同在于：自媒体平台的视频内容以UGC模式最为典型，主要以分享的方式传播，例如微信的小视频、微博的微视频、各类直播App等等。

第一节　电视的迁徙

这是一个最好的时代，这是一个最坏的时代。对电视台来说，这个时代究竟是一个什么样的时代呢？传统电视媒体似乎已经开始走向式微，"电视的终结""电视业的黄昏"等唱衰之声不绝于耳，伴随着一批批优秀的电视人转身投向互联网，一个又一个耳熟能详的电视节目的停播，人们似乎有充分的理由相信，电视业在遭受了互联网的巨大冲击以后，已然开始走向衰落的境地。

一、电视观众的大迁徙

2007年1月27日，微软公司总裁比尔·盖茨在世界经济论坛上预言，由于网上视频内容的爆炸性增长和电脑与电视设备的日益融合，互联网将在五年内彻底改变电视工业的现状。盖茨称，高速因特网的崛起和YouTube等在线视频网站的大量涌现，已经在世界范围内导致了年轻人花在看电视上的时间减少。在未来数年中，越来越多热衷于灵活快捷的互联网视频的人，将放弃节目固定且插播广告的传统广播电视。[1] 也许在9年前

---

1 比尔·盖茨.互联网五年内取代传统电视[N].海峡消费报，2007-3-16.

国内电视节目发展如日中天的情况下，电视人都会对这些预测视而不见。但是在9年后，无论是国外还是国内的众多数据都表明：越来越多的电视观众在流向互联网。

据国家新闻出版广电总局发展研究中心发布的《中国视听新媒体发展报告（2013）》显示，从2012年3月—2013年2月一年间，北京地区的电视开机率从2010年的70%下降至30%，且收看电视的主流为40岁以上的人群。对于同时收看网络视频和电视的"双屏"用户，网络已经成为收看热播电视剧的主要渠道。到了2016年上半年，各大卫视表现平平。收视率相比2015年上半年有所下滑，收视率前十名累积收视率相比去年同期下滑2.5%，而在2016年6月爱奇艺CEO龚宇高调表示，爱奇艺有效VIP会员数（付费用户）已经突破2000万，半年内净增1000万。[1]

这种流失的情况并非只在中国出现。根据尼尔森2015年的报告显示，2015年美国有线电视用户数量相比2014年继续大幅下滑，大部分有线运营商面临空前的困境。2015年只有少数几家有线电视运营商的用户出现增长，而大部分有线电视运营商的用户无一例外地出现下滑。以18—49岁年龄组的用户为例，美国有线电视联播频道之一的ESPN用户人数较2014年下降了8%，而USA、History、MTV、FX这几家有线电视频道的用户流失率分别为19%、25%、23%及18%。与之相对比的是有36%的美国家庭开始订阅在线影片租赁网站奈飞网，并且有13%的家庭订阅了亚马逊的视频服务。[2]

二、电视精英的出走

最近几年，电视精英跳槽到互联网公司的新闻已经不再新鲜。马东、

---

[1] 2016卫视年中成绩单：收视、经营有何趋势？[N]."广电独家"，2016-7-6.
[2] 尼尔森：2015年大部分美国有线电视运营商用户继续流失［EB/OL］.（2015-12-29）[2016-1-25].http://www.cnbeta.com/articles/461387.htm.

牟頔从央视出走到爱奇艺，刘建宏、刘语熙从央视转向乐视，谢涤葵、张一蓓离开湖南卫视等，不管是央视还是地方台，台前还是幕后，这些资历丰富的精英们的离职对电视台本身就是一个巨大的损失，而这种"集体出走"的趋势也让人们似乎从中嗅出了电视台失落的意味。人才的流向，从来都被视为一个平台是否具有竞争力的风向标。多年前，能在体制内的电视媒体尤其是中央电视台工作，是电视人的集体向往，在互联网的冲击下，电视人正在如退潮般散去，并开始转向其他电视制作与播出平台，寻找自己的发展空间。

曾担任过央视制片人、总导演、主持人的马东在离开央视之后接受《新京报》的采访，当被问到为什么离开央视时，他回答说："央视平台无可替代，对我非常好，在台里也不是没有发展，是我自己想寻求变化，想寻求有新的东西、我又能接受的生活方式。"而问到进入爱奇艺公司的体验时，马东用了"刺激"二字来形容，马东说："我在给爱奇艺现有的自制节目做一些诊断、要素分析和升级，决策和执行过程比以前做同样的事情简单、有效率得多。"[1]而前央视体育名嘴刘建宏在被采访到为什么这么多人离开央视时也曾表示："传统媒体存在到今天，是因为它们有不能被取代的优势。如今的网络媒体不会一统天下，但每一种媒体的生存状态确实会因为它的存在而改变，所以传统媒体必须要在原有的基础上求新求变，才能活得更好。这也是我想给央视的一点建议，如果还坚持不变的话，前景会很不乐观。"[2]可以看出，众多电视精英从传统媒体出走的原因归结起来无外乎是求"新"、求"变"。

电视台由于国情所限，很多时候无法满足与受众群体的深度互动，如同一位大家闺秀，一举一动都需要完成严格的规定动作。而视频网站就像走江湖卖艺的杂技班里的演员，因为自由，也因为新奇，引发了普罗大众

---

[1] 勾伊娜.马东：我离开央视不是出事儿了[N].新京报，2013-1-29.
[2] 沈坤彧.刘建宏：离开央视不舍出走消息逼自己行动[N].现代快报，2014-8-10.

的猎奇心理，受到更多的追捧和关注。相比之下，自媒体因其时间短，容量小，更适于时间碎片化的传播方式，未来的发展前景也不容小觑。因此，一些想要求新求变的电视精英们纷纷转投互联网视频网站和自媒体，跳出体制去寻求自我价值的实现和事业发展的转型。

三、广告投放的变化

近年来，随着自制内容的规范化、优质化和在年轻人中的影响力，视频网站赢得了众多广告商的青睐，以两位数的增长率迅速扩张。比如根据易观智库发布的《中国网络视频市场季度监测报告2015年第一季度》数据显示，2015年第一季度，中国网络视频市场广告收入为41.1亿元人民币，较2014年第4季度环比下降21.9%，与2014年同期相比增长38.6%。与此同时，电视平台的广告投放形势变得严峻起来，一度呈现下降趋势。但是，有广告界资深人士也透露，就商业模式而言，视频网站光靠广告收入是不赚钱的，只有靠用户收费模式为主才有盈利。目前来看，电视仍然是广告投放的第一选择，但一家独大的地位已有所动摇。

据CTR2016年4月份数据显示，省级卫视的商业广告时长环比止跌回升，增幅达9.7%。在一批季播综艺及大剧的带动下，省级卫视商业广告时长总量都曾增长趋势。4月份，8家重点省级卫视的商业广告资源满载率均高于3月份。其中，东方卫视、天津卫视、安徽卫视、北京卫视也同时高于去年同期水平。综艺节目广告时长在一众节目的推动下增幅明显。同时，商业广告资源满载率也止跌回升。更为令人惊喜的是软广植入花费增长迅猛。[1]（如图5-1所示）

1　大数据告诉你：电视仍是广告投放的首选［Z］."传媒透视"，2016-6-8.

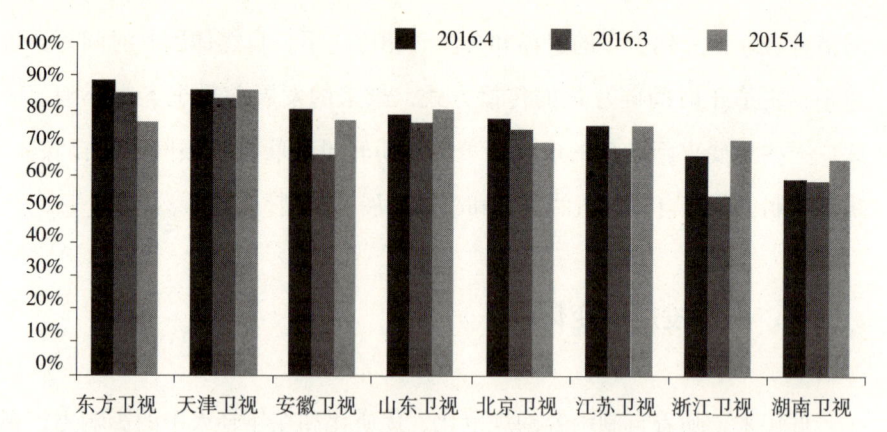

图 5-1　2016 年 4 月主要卫视 17—24 点时段商业广告满载率

数据来源：CTR 市场研究

四、电视内容的反向输出

一直以来，电视传统媒体在内容生产上占有绝对的优势，一方面体现在节目内容种类丰富，能够满足各个年龄层次、各个地域的观众需求，且能够在电视上播出的内容经过审查，保证其积极健康向上的属性。另一方面，电视台有着相对非常严格筛选的内容制作团队、机制、技术、设备，因此投入的成本相对较高，在"专业性"上有着无可比拟的优势。在过去很长一段时间里，电视台将优质的、高收视的电视节目和电视剧以高额甚至是巨额版权费用出售给视频网站。如 2013 年 11 月底腾讯视频以 2.5 亿天价拿下《中国好声音》第三季网络独播权。[1] 而这种对市面上优质资源的依赖使得各大视频网站拼投资、下血本的竞争愈演愈烈，导致电视节目的网络版权价格水涨船高。

为了降低运营成本，收回网站搭载内容的主导权，生产自制节目已经成为视频网站不可阻挡的趋势之一。从 2008 年年底，视频网站就开始试

1　高瑞静．当前中国视频网站的发展战略初探［J］．中国传媒科技，2014（10）．

水网络短剧、网络节目甚至是网络大电影。如果说2008—2012年这4年间是视频网站自制内容的萌芽期、发展期,那么2012年至今这4年,就是它的成熟期、精品期。各大视频网站明确了各自的定位和口号,拥有具有代表性的自制节目并大大提高了对自制内容的重视程度。比如搜狐视频就将原创内容产品视作"未来核心竞争力"、腾讯视频总经理刘春宁宣布将自制内容视为"未来内容战略的核心"等。[1] 在此基础上,各大视频网站不断地推陈出新,加大资金投入,根据受众来进行内容创新。除此之外,视频网站开始推出对应的移动终端,并大力推广其自制节目,形成一系列的附加应用。在这段时期内,自制节目还出现了"返销"至电视台的现象:视频网站将点击率高、口碑好的自制内容版权售卖给电视台,节目在网站播出后便可在电视上播放。比如爱奇艺的《爱上超模》反输到湖北卫视,优酷土豆的《侣行》反输到央视一套、旅游卫视等。这种反向输出的模式,不仅提高了视频网站的版权收益,并且让自制节目得到了更好的宣传。这种做法也促使视频网站制作出更好的原创内容,逐渐提升自身的内容生产力并与传统电视平台进行着争夺与较量。

---

1 孙琳.中国网络视频行业发展现状及走向猜想[J].新闻研究导刊,2013(11).

第二节　平台之争

今天电视行业的不断更新与洗牌，归根结底是平台与资源的争夺。不同的平台有着不同的特点，作为传统播出平台，电视台仍然有它不可替代的优势，而互联网平台和自媒体平台虽然来势汹汹，但也存在着自身的短板。

一、电视台

电视媒体在我国已经有 60 年的发展历史，作为今天人们所说的"传统媒体"，它无论是在资源还是渠道、内容、人才上都具有相较其他播出平台明显的优势。首先，电视的收看门槛相对更低，覆盖率更高，观众基数大。2014 年我国电视节目人口覆盖率为 98.6%，同比增长 0.18%，电视覆盖人口全球第一。2005—2015 年，作为我国占据主导地位的电视信号接收方式——有线数字电视的用户比例持续增长，2015 年全国用户比例已达 66.5%；而继有线数字电视后排名第二的广播电视接收方式——直播卫星数字电视也从 2008 年开始，随着广播电视"村村通""户户通"工程扎实有序推进总体以增长态势前行，截至 2015 年 8 月底，全国直播卫星数字电视用户数量共 1.88 亿人,全国用户比例为 14.3%。[1] 相比之下,截至 2015 年 12 月,我国网民规模达 6.88 亿,互联网普及率达到 50.3%,过半数中国人已经接入互联网。[2] 而截至 2015 年 6 月,我国农村网民规模达 1.86 亿,目前城镇地区与农村地区的互联网普及率分别为 64.2% 和 30.1%,相差 34.1 个百分点。[3] 虽然对于一线城市来说,互联网普及程度较高,很大程度上分流了受众的观看需求,但是从全国范围内来看,尤其是广大农村地区,无线电视网络仍然是重要的信息来源。有研究显示,受网速限制、电视节目收看的流畅度、收视画面质量等元素都是受众选择电视播出平台的重要因素。同时,在过去的几十年,传统电视台积累了数量庞大的观众群体,看电视的行为习惯仍然在延续,因此,电视用户仍然拥有较大的基数。

其次,从目前来看,电视台的原创内容资源优势仍然相对明显,经过几十年的发展,节目制作精良,节目类型多样,同时由于我国电视台由各级政府主办,自带权威感,如大型活动直播、大型晚会、大型赛事的播映权都由电视台垄断,而其他的播出平台则很难在第一轮播出时候在这些资源中分得一杯羹。这一得天独厚的优势也是互联网视频网站和自媒体难以企及的。

最后,传统电视台根植于专业团队,具有雄厚的专业基础和精良的设备,目前也仍然是专业素养较高、电视制作精英聚集最多的平台。而相对而言,互联网则更多的是草根的狂欢和爱好者自娱自乐的场所。

二、视频网站及互联网电视企业

视频门户网站和互联网电视的出现,结束了长久以来电视台一家独大的局面,同时也刺激了传统电视台的求新求变。总的来说,互联网视频网

---

1 2015 美兰德中国电视覆盖及收视状况调查结果揭晓[EB/OL].(2015-11-12)[2015-12-25].http://mt.sohu.com/20151112/n426287899.shtml.
2 我国互联网普及率已过半覆盖率超过全球平均水平[N].北京青年报,2016-1-23.
3 CNNIC:我国网民规模达 6.68 亿互联网普及率为 48.8%[EB/OL].(2015-7-23)[2015-12-25].http://it.people.com.cn/n/2015/0723/c1009-27350708.html.

站主要具备以下优势：互联网传播方式具有交互性，是一种双向互动式传播，而传统电视仍是单向传播为主。双向传播使受众对互联网电视的传播内容可以自由选择、及时反馈，这无疑是视频网站最突出的优势所在。传统电视媒体根据机顶盒收集的收视情况汇总数据，抽样分析受众喜好。而视频网站可以通过大数据分析了解受众偏好，并且受众可以随时随地进行即时互动，表达自己的观点，将即时性与互动性发挥到极致。同时，视频网站的便捷性是电视无法达到的。内容查找和获取都变得异常简单，易操作，与传统电视相比，视频网站提供了强大的节目搜索功能，可以让受众非常轻松地找到需要的节目资源，因此，具有更大的灵活自主性。

此外，视频网站及互联网电视企业的机制也相对自由，与电视台的庞大组织相比更加扁平化。管理扁平化带来节目制作效率的提高，也进一步激发出电视制作者的积极性。比如2014年爱奇艺公司就推陈出新地提出了"工作室战略"，成立了马东、刘春、高晓松三大工作室，爱奇艺的目的非常明确——整合上游优质资源，嫁接内容生产行业最顶尖人才，在保持其创作自由度的同时，爱奇艺对工作室提供各方面的支持，而工作室为爱奇艺提供优质、多元化的内容，增强爱奇艺自制内容造血功能。[1]

当然，视频网站平台也有自身的局限性，其中包括技术及硬件的制约，如网络速度决定了视频观赏的流畅度以及画面质感，覆盖面还达不到无线电视的程度，同时宽带费、设备费用、各种视频网站的会员费、运营服务商收费等都限制了一些边远地区和低收入人群的选择。

三、自媒体

自媒体伴随微博、微信、直播App的广泛推广与使用，正在以惊人的速度渗透到人们生活的每一个角落，随着移动互联网的普及，不仅秒拍、

---

[1] 温静，龚宇：爱奇艺工作室战略大起底［N］."传媒内参"，2014-6-23.

飞碟说制作的几分钟长短的小短片越来越受到人们的喜爱，人们的日常生活也进入了直播的行列，受到动辄上万粉丝的追捧和收看。严格意义上来说，这些内容已经很难用传统的电视节目来框定，但在这里仍然将其纳入讨论的行列，因为大量的 UGC 节目正在成为人们日常视频内容消费的一部分，并变得更加专业、精良，甚至也包括一些 PGC 内容，如音乐会直播等，使它与电视节目的边界越来越模糊。

首先，自媒体首先最大限度上发挥了每一位用户的自主性，自媒体人能够根据自己的目标与需求来决定发布什么内容，如何发布，它给了普罗大众充分的自由和发挥空间；其次，自媒体具有强大的细分人群的功能，能在最大限度上吸引潜在的目标群体，就像磁石般将志同道合的群体源源不断地吸引聚合在一起；最后，自媒体的人群共振效应使之能够极大地激发群体成员因为某个内容而产生的情感共鸣。

当然，自媒体也存在公信力较低、传播速度较慢、表现力欠缺等一系列短板，因此，目前在节目传播平台方面，自媒体还很难与上述其他平台相抗衡，但它作为一种独特的补充存在于与电视台和视频网站的竞争空白和现代人日常生活的碎片化时间里，并随着移动互联网的进步而迸发出更大的生机与活力。

第三节 "TV+"：电视台的进化论

在"互联网+"各行各业正在如火如荼地进行，跨界融合与重塑创新已经成为电视台管理者不得不直面的问题。一方面，新的播出平台的产生如同德摩克里斯之剑给电视台带来了前所未有的危机感，另一方面，电视业也似乎找到了传统业态复苏求存的一缕亮光，并努力重新搭建起新的更大的电视新生态。

"TV+"即为利用互联网思维做电视。把电视节目当作产品，把观众当作用户，通过电视的价值优化，让用户与电视产生更紧密的连接与互动。例如2014年春晚直播过程中的手机砸金蛋活动，使春晚中每个小时都会有一枚硕大的金蛋被吉祥物"羊羊"撞开，幸运观众由此产生。全国人民都投入这场互动的狂欢游戏中来，从而对电视节目产生了新的共鸣。在这场互联网与电视的对峙中，电视机构必须以巨大的勇气和耐心应战，并进行大胆的模式创新、合作创新、主动跨界，从而保住自己在行业中的老大地位。

一、独播战略

2014年5月28日，湖南卫视率先实行"独播战略"。湖南卫视宣布，今后湖南卫视拥有完整知识产权的自制节目将由芒果 TV 独播，在互联网版权上一律不分销，以此打造自己的互联网视频平台。其实早在 2005 年，央视和主要卫视就已经开始了"独播剧"的尝试，所谓"独播剧"是指播映权、发行权等相关权限都被买断，买方拥有独家资源，只在特定播出平台推出。

独播战略不仅可以让电视台保护自己的"节目版权"，而且还可以挽留住节目的忠实受众，保证节目的"收视率"。卫视采取独播战略的意图表现在以下几方面。

首先，捍卫优质原创版权内容。新媒体时代，由于播出平台的激烈竞争，优质的节目原创内容作为一种稀缺资源，成为决定电视台收视率和广告收入的生命线。传统电视台作为节目的制作机构，投入大量的人力、物力和智力资源制作了一档节目，在分销互联网播出权后虽然获得一定版权费，但也导致了受众分流，最终削弱自身平台的影响力，因此，电视台试图通过紧紧把握内容这一核心资源，来使自身在与互联网平台的竞争中立于不败之地。

其次，通过独播战略做大自身的网络平台，获得更加丰厚的利益回报。当视频网站购买节目播出权后，通过自身网络平台播出，获得了广告收入，包括冠名权、贴片广告、插播广告等；平台影响力，借助播出热门综艺节目，提升了网站影响力和知名度，间接扩大了广告效应；丰富了后期利益，即重播或单个节目被点播所带来的广告收入。电视台试图通过阻断优质内容的流失，通过电视台独播战略的方式，将这些收益转化到电视台自己的网络平台，从而使自己的网络平台做大做强。热门综艺节目和电视剧在自己的网站独播，提高自身网站的浏览量及关注度，有利于提高网站建设，提高自身的知名度，有利于网站的品牌建设。

在央视、湖南卫视打出独播战略之后，对电视台本身来说，第一，形成了内容高地，将自制的优质内容紧紧地攥在了手中，掌握住了一大批特定观众，比如湖南卫视的所有娱乐节目《快乐大本营》《天天向上》等只在芒果 TV 独播，收看世界杯、欧洲杯直播就只能上 CNTV 等，而对于这些影响力极大、收视率极高的现象级节目和赛事来说，它们的群众基础也是极大的。第二，独播战略促进了电视台自家新媒体平台的迅速发展。正所谓"独家才有价值"，把这些独家优质资源全部投放到自家的新媒体平台，最直观的优势就是新媒体平台的广告收益直线上涨。湖南卫视的新媒体平台——芒果 TV 在 2014 年的广告收入为 8000 万元，而进行独播战略之后，2015 年的广告收入为 8 亿元，是 2014 年的整整十倍。广告投入多了，平台的运营和推广也有了充分的资本和空间，影响力自然也是直线上升，对于电视台及其新媒体平台的整体建设起到了不可替代的作用。

对于各大互联网企业来说，独播战略虽然限制了它们通过一些现象级的综艺节目与电视剧来获得赢利和提升知名度，但同时也客观上倒逼视频网站加强自制节目的战略，大力发展原创内容，打造自我品牌和特色。比如乐视公司于 2015 年年底自制的网剧《太子妃升职记》，就成为 2016 年年初话题不断的现象级网剧。虽然《太子妃升职记》是一部以"男性穿越回古代变成女性并且爱上了男性"为核心情节的"雷剧"，但是在开播之后它几乎是以爆红的形式攻占了主流社交平台。开播仅 9 天后播放量就破亿，微博话题榜直线攀升至第二名直逼当季大手笔制作的《芈月传》，话题 1.5 亿阅读量，14.8 万人次参与话题讨论，骨朵网络剧榜单红榜第一名，Vlinkage 网络剧播放量排行榜第一名，截至 2016 年 1 月 9 日百度指数 556000，百度搜索相关新闻 1870000 篇。向来对国产电视剧评分严苛的豆瓣，对该剧的评分却高达 8.2 分。[1]

除了在网剧上发力外，更多的视频网站选择在自制节目这个重要关口进行突破。比如爱奇艺，就在 2015 年提出了新的口号——"纯网综艺"，并推出一大批有影响力的网络综艺节目，以《奇葩说》为典型代表。《奇葩说》算得上是最早的一批纯网综艺，第一季开播后就在网络上收获了极

---

1 张莹. 从传播学角度浅析网剧《太子妃升职记》的热播原因 [J]. 西部学刊, 2016 (4).

高的人气，之后第二季、第三季的火暴程度更加令人咂舌。据统计，《奇葩说》第三季以超 5 亿次播放战绩华丽收官，成功延续了其纯网综艺现象级佳话，截至目前，三季总播放量已超 16.6 亿次。与播放成绩相一致的是，其网络热度同样高温不下。在节目播出期间，《奇葩说》第三季稳居纯网热播综艺日榜 TOP1，同时盘踞疯狂综艺季等各大综艺榜单前列。截至 2016 年 6 月，微博话题《奇葩说》阅读量已达 32.7 亿。[1] 从 2014 年各大电视台打出独播战略开始，短短两年内互联网企业就以极快的速度弥补了电视资源转移的短板，走出了一条属于自己的自制之路。

而在互联网企业的强势围攻下，有的卫视独播战略已经开始发生动摇。比如湖南卫视就将 2015 年年底的重磅真人秀节目《全员加速中》的网络播放版权出售给了第三方平台——乐视网，这也是湖南卫视自 2014 年 5 月宣布独播战略以来，首次将综艺内容分销给芒果 TV 外的其他视频网站。[2] 究其原因：第一，因为芒果 TV 虽然对这些王牌节目有着独播权，却并没有像互联网企业在网络平台上对节目话题进行大范围的宣传和扩散，导致节目热度无法从电视持续到网络。第二，其他的卫视例如浙江卫视反而在这两年加深了和视频网站的合作力度，使得节目在网络上的收看率激增，比如《奔跑吧兄弟》第一季网络点击率超过 30 亿，第二季接近 50 亿，第三季也超过了 30 亿。如此庞大的网络收看率不仅给电视台带来了巨额收益，同时也带来了极高的话题讨论度，大大提高了电视台的市场竞争力。在此种情况下，众多打出独播旗号的电视台也开始重新考虑和互联网企业的合作方式。

二、芒果 TV：电视台网络平台建设

在与互联网的竞争中，一些电视机构意识到，电视必须积极主动融

---

[1] 《奇葩说》系列破 16 亿爱奇艺推动纯网综艺品牌化发展 [EB/OL]. (2016-5-24) [2016-6-25]. http://ent.people.com.cn/GB/n1/2016/0524/c1012-28376135.html.
[2] 韩元佳. 湖南卫视独播策略已动摇？[N]. 北京晨报，2015-11-10.

入互联网或许才是未来电视传媒发展的方向。电视台并不是电视节目唯一的载体，以后电视节目必定会走向网络化。2009年12月，中国国家网络电视台成立，网络电视"国家队"正式登场；2009年12月，湖南卫视的网络电视台"芒果TV"正式开播，率先举起"兴办网络电视"的大旗；浙江广电致力于打造"深蓝网"；上海文广和英特尔合作，打造"网络新闻台"；2010年6月，安徽网络电视台成立，成为全国首家省级网络电视台。

2014年4月，湖南卫视宣布，今后湖南卫视拥有完整知识产权的自制节目将由芒果TV独播，在互联网版权上一律不分销，以此打造自己的互联网视频平台。即包括湖南卫视经典栏目《快乐大本营》《天天向上》，王牌栏目《我是歌手》《爸爸去哪儿》等都将只在芒果TV的平台上播放。并正式将旗下两大新媒体平台——金鹰网、芒果TV改版融合，推出"芒果TV"网络视频平台。新平台采用原金鹰网域名，平台品牌呼号"芒果TV"。全新的"芒果TV"整合湖南卫视与芒果传媒的优势资源，以视频网站和互联网电视为核心，构建基于电脑、电视、手机、平板等全终端视频服务平台，建立"渠道＋内容＋终端＋应用＋用户"的立体媒介生态系统，希望能够打造"多屏合一"的全方位新媒体融合格局。目前，芒果TV主要业务为互联网视频、互联网电视、湖南IPTV以及移动增值业务。在互联网视频业务上，芒果视频提供湖南卫视所有电视栏目以及钻石独播剧场等精彩剧集高清视频点播服务，并同步推送热门电视剧、电影、综艺和音乐视频内容以及部分电视台网络同步直播。

在互联网电视业务上，湖南广电作为国家新闻出版广电总局发放的七个互联网电视集成牌照和九个内容牌照方之一，拥有进入OTT TV的准入门槛。随着湖南广电对于芒果TV"多屏合一"的全平台战略的全力支持，不仅自制综艺节目独播，还通过旗下天娱传媒以及众多影视制作公司制作影视剧，并通过湖南卫视和芒果TV双平台独播。目前，芒果TV的互联网电视产品主要包括电视一体机和电视机顶盒，并且在新媒体内容版权购买上给予旗下快乐阳光 OTT TV 大力支持。

湖南 IPTV，即湖南交互式网络电视，以"三网融合"为依托，利用电信宽带网络，向湖南家庭用户提供包括电视直播、回看、点播及其他增值业务等多种交互式的网络电视服务，拥有凤凰专区、世界杯、我是歌手、观影会等线上线下互动活动。

移动增值业务中心业务主要围绕湖南核心内容，采取收费专区的形式与中国移动、中国电信和中国联通三大运营商合作开展视频、阅读、动漫、音乐、语音杂志等业务。同时针对芒果 TV 客户端，与三大运营商合作开展定向流量包业务，为 3G、4G 用户提供特色内容服务。

目前，传统电视台的视频网站除湖南广电的芒果 TV 外，其他视频网站都是电视台的网络板块，影响力不尽如人意。以中国网络电视台 CNTV 为例，2014 年世界杯时央视没有把转播权分发给任何卫视，网络转播权也归 CNTV 独有。但是却被无数网友吐槽"画质不清晰""卡得无法动弹""两分钟一卡"。这种垄断性的转播虽然在世界杯期间带来了部分收益，但是也让 CNTV 陷入了一种比较尴尬的境地：主要流量和收入只能靠大型赛事的转播来支撑，而其他的功能相对较为薄弱。这也暴露出目前电视台网站的一个普遍缺陷：虽然搭载了电视台的已有内容，但无法将其影响力扩大化。

究其原因，除了没有对自身资源进行有效的整合和策划，网站建设水平较低，吸引力明显不足之外，更多的在于，电视台不如互联网企业更懂"网"，更懂"网民"，而对于各大卫视的网络电视来说，观众还只是观众，还没有把观众转化为用户，所以无法与专业的视频网站相抗衡，因此，更多扮演着电视媒体附属品的角色。目前，各大卫视的网站中，依托湖南广电强大的资源和对视频网站的重视，芒果 TV 成为唯一能与互联网视频网站竞争的传统电视台的视频网站。

三、App 之战：省级卫视的移动端拓展

《中国移动互联网研究报告（2015）》数据显示，移动互联网的用户数量快速攀升。截至 2015 年 12 月，我国移动智能终端用户规模达 12.8 亿台，较 2015 年第一季度增长 1.5 亿台，移动互联网智能终端设备活跃数已达到 8.99 亿，手机保持第一大上网终端地位。我国移动互联网发展进入全民时代。面对如此庞大的市场，传统电视媒体布局电视 App 势在必行。随着智能手机的快速普及，越来越多的观众不会按照固定时间观看电视节目，传统电视转型迫在眉睫。电视 App 遍地开花，成为各大卫视的标配。上至中央电视台，下至地市级电视台，都将 App 作为传统电视向新媒体转型、扩大影响力的重要措施。湖南卫视"呼啦"、东方卫视"哇啦"、安徽卫视"啊呦"、江苏卫视"乐享电视"等一批移动社交平台的兴起，为电视节目开辟了新的生存空间（如表 5-1 所示）。总体来看，目前电视 App 主要为视频类、社交类和游戏类等。

卫视的视频类 App 是电视移动端的主流，主要是将电视台的节目整合转移到手机等移动端播放，对卫视的各大栏目进行资源整合，为用户提供直播和点播服务。如央视的央视影音、湖南卫视的芒果 TV 等，虽然具备互动性和选择性强等特点，用户随时随地自主选择自己喜欢的节目，但是从根本上看，它只是电视节目向移动端的简单延伸。而社交类 App 以湖南卫视的"呼啦"、东方卫视的"哇啦"、安徽卫视的"啊呦"为代表，旨在实现用户与电视、手机之间的互联互通，观众在看电视时可以通过 App 进行投票、评论、竞猜游戏等传统电视通过手机短信和电话热线来完成的互动。这类 App 有利于用户节约成本，有利于更加便捷地增加用户看电视的乐趣。游戏 App 主要是一些卫视热门栏目为延伸栏目品牌、增强栏目黏性而设计的，如江苏卫视的"一站到底"、河南卫视的"汉字英雄"、湖南卫视的《爸爸去哪儿》等。

表 5-1　国内主要电视媒体开发的社交电视 App

名称	出品方	推出时间	功　能
哇啦	东方卫视	2012 年 7 月 29 日	由旧版电视伴随型 App 向线下伸展，专注打造粉丝专属的互动娱乐平台。在保留原有一键电视截屏、直播上屏、扫一扫互动等亮点功能的基础上，深度联动线上线下娱乐内容产品，以丰富形式提供 7×24 不间断的粉丝互动体验
乐享电视	江苏卫视	2012 年 12 月 11 日	电视节目的在线直播、点播、评论及截屏分享；节目指南、播出提醒；节目相关产品的电子商务、节目投票、竞猜；互动聊天、话题讨论、与主持人互动、好友节目推荐；基于 LBS 聚合关注同一节目的人群，促进用户与具有相同兴趣爱好的其他用户实现在线沟通，推动观众从"看电视"到"玩电视"的转变
呼啦	湖南卫视	2013 年 1 月 1 日	以扫描二维码作为跨屏手段，并开拓全屏识别技术；首页定制化，用户可自行选择感兴趣的节目，关注后获得节目相关资讯，节目同时设置直播聊天室；用户可发起聊天、群聊、好友互动能够获得共同成长；通过完成互动任务，用户可获得成长积分、虚拟道具、或物质奖励；内置手机游戏，用户可下载使用
啊哟	安徽卫视	2013 年 12 月 30 日	打通了电视屏和手机屏的双向互动，多维度交互，看电视的同时可以玩电视。"扫一扫"不仅可以扫描二维码，还支持扫台标、扫 LOGO 多种类识别，将节目元素和游戏奖品有机融合，更加刺激好玩；轻轻"摇一摇"，便可以将手机屏显示截图电视画面一键分享到微博、微信，还可以与同时段收看节目的观众即时聊天；此外还有"我要上屏""嘉宾互动""我拍你猜""积分商城"等功能，让用户直接参与到节目中去，与亿万观众一同分享收视乐趣，更有机会获得丰富奖品，带来全方位的视听娱乐体验
央视悦动	中央电视台	2013 年 12 月 31 日	电视节目的在线直播、点播、互动；看点推荐、精彩花絮、节目单、频道栏目增值服务、主持人和积分商城；拥有"听音识台"功能，用户将移动终端对准电视屏幕后，客户端会自动识别当前播出的节目，并进入栏目页面，提供电视内容的扩展阅读；用户能够对电视节目进行投票，并参与抽奖、竞猜、答题等互动活动
蓝朋友	浙江卫视	2014 年 8 月 21 日	以"蓝朋友，你的另一伴"为宗旨和目标，致力于将浙江卫视中国蓝的陪伴延伸至广大观众的身边。该客户端主打移动端视频直播和中国蓝节目订阅这两大功能，同时直播聊天与互动竞猜也是其突显的亮点，与电视和电脑端的内容形成良性互补，达到线上、线下的交互

电视 App 打破了传统电视只能在固定时间、固定地点、按照顺序收看的模式以及互动不足的缺陷，拓展了传播渠道，增强用户的收视体验，让用户体验更生动、有趣的电视节目，从而提高传统电视媒体的收视率和影响力。

第四节 视频网站的逆袭

一、自制战略

无论是对电视台还是视频网站，一个共识就是以优质的内容吸引观众，而高昂的节目版权费用、电视台独播战略的掣肘以及"美剧下线"对引进境外电视剧的严格限制，使视频网站优质原创内容短缺的危机日益凸显。自制节目，成为各大视频网站发展的必然选择。正如爱奇艺总编辑高瑾所说："视频网站争相做自制，主要原因不是买不起版权，而是同质化竞争所迫。国内视频网站走自制的道路和20世纪80年代的电视台的操作手法如出一辙，各大电视台的品牌都是靠自制打出来的。采购的影视剧是基础、标配，自制节目才是特色，这将是视频网站的核心竞争力。自制节目更灵活、更接地气，未来能成品牌气候。"[1] 在这样的背景下，2014年被称为中国网络自制节目元年，各大视频网站纷纷发力，将"自制"作为自己战略的重中之重。2014年，爱奇艺启动"爱奇艺工作室战略"，成立马东、刘春、高晓松三大工作室。在"不差钱"的视频网站对自制内容持续投入下，传统影视制作人才正加速向网络流动。

---

1 何天骄.视频网站"叫板"电视台自制节目挑大梁［N］.第一财经日报，2015-3-20.

优酷土豆集团宣布 2014 年投入 3 亿元资金加大力度发展网络自制，包括自制节目、PGC 和 UGC 节目；而腾讯视频则计划联合国内一线影视制作公司，推出 500 集电视剧品质的出品内容；爱奇艺 CEO 龚宇提出爱奇艺未来发展的 "3+3" 战略，独播版权内容、自制内容与 UGC 成为爱奇艺最重要的三大战略方向。由此看来，自制也将成为搜狐视频首个实现盈利的内容产品线。根据 ETVT 艺恩电视决策智库显示，截至 2015 年 8 月中旬，TOP20 自制节目总播放量已经超过 35 亿，单节目平均达 1.78 亿，腾讯视频占据前五名中的四席，爱奇艺凭借《奇葩说 2》强势入围。其中，《你正常吗 2》位列头名，热点话题和明星加盟吸引超过 4.7 亿播放量；而大型生活实验节目《我们 15 个》开启 24 小时直播模式，播出近两个月后跃升至亚军；《奇葩说 2》延续第一季热潮，取得 3.1 亿播放量的成绩。

以搜狐视频为例，三个 "Able" 的自制战略帮助其在视频网站市场上稳占一席之地，三个 "Able" 分别是可传播（Communicable）、可回归（Returnable）、可衍生（Renewable）。

1. 可传播（Communicable）战略：紧靠用户兴趣 坚持高质量

搜狐视频的定位受众是互联网的主体用户——年轻网民，在 "美剧" 和 "高清正版" 两大投入上下足了工夫。根据中国互联网络中心（CNNIC）第 35 次《中国互联网络发展状况统计报告》，在 2014 年 12 月青少年（25 岁以下）网民规模已经达到 2.77 亿，这个数字是中国整体青少年总人口数的 76.9%，同时也占去了中国整体网民数量的近一半。因此，搜狐生产的自制内容皆以这些年轻网民为核心，也收获了巨大的点击量。

在自制内容选材上，搜狐视频针对年轻群众的兴趣点提出了 "青春 +" 策略。"我们会根据搜狐自己的数据团队进行数据提炼，包括对微博等 SNS 数据的运用、导演粉丝群的调研、演员的粉丝群调研、线上评论专区的信息抓取等，捕捉受众的喜好。" 搜狐视频自制部总监王一就这一战略如此解释。目前，搜狐视频正围绕受众兴趣点，从自己擅长的戏剧风格入手，引入热门的网络原创版权。[1]

而在自制内容的整体呈现上，搜狐视频坚持"全明星、大投入、高品质、强制作"的原则，企业内部用"项目制"让每一个制作团队把自身当做独立的IP厂商，和其他团队进行竞争，并且由市场经验丰富的检验团队进行考核和测评。在此战略下搜狐视频于2015年7月上映的《无心法师》就取得了不俗的收视和口碑。

2. 可回归（Returnable）战略：核心是自制品牌的长期发展

互联网企业的自制内容攻坚战是一场持久战，打赢这场战争的关键因素是自制品牌的长久生命力。也是搜狐视频提出的第二个战略：自制品牌的稳定生产。

这一战略的代表就是对"大鹏"这一个人品牌的打造。2007年，搜狐视频推出第一档网络脱口秀节目《大鹏嘚吧嘚》，反响火爆，每期的点击量极高，而它的衍生品网络短剧《屌丝男士》也在网络上风靡一时。之后由搜狐视频出品，大鹏导演和主演的爆笑巨制电影《煎饼侠》更是火热上映，并从上映第一天起就连续三天单日票房过亿迅速搅热整个电影市场，更助力大盘冲刺4.35亿国产电影单日票房纪录，不管是收益还是话题效应都取得了巨大成功。由此不难看出，对"可回归"战略的重点打造，让搜狐视频迅速打出了自制品牌，并收获了连锁效益。

3. 可衍生（Renewable）战略：打造多维度IP

当视频网站的自制内容产生了品牌效应，不仅仅点击量会迅速上升，更加让网站可以连续推出品牌周边的衍生品。

搜狐视频推出了第一档网络脱口秀节目，更拍摄了第一部网络自制剧衍生大电影，除了上文提到的《煎饼侠》之外，搜狐视频还利用这一IP向游戏领域开拓。2015年6月，搜狐视频推出了《屌丝男士》官方手游。该手游是搜狐视频联手乐恒互动开发并发行的一款2D弹射塔防类游戏，玩

---

[1] 喻钦文吴殿义. 解读搜狐视频自制战略［N］."媒介杂志"，2015-7-30.

家将和大鹏一起搭救女神，以小弹弓射击怪物闯关。除了 IP 的延伸，该手游还将剧情加入游戏之中，打造网剧和游戏的无缝体验。[1]

除了国内市场的全产业链铺设，搜狐视频利用《屌丝男士》这一 IP 也成为首个走出国门的网络自制剧。2013 年 11 月，《屌丝男士》系列相继登陆欧洲、美国，与英国普罗派乐卫视、美国蓝海电视台签约合作。2014 年 3 月，搜狐视频与全美最大的华裔电视媒体 ICN 电视联播网达成合作，将《屌丝男士》引入美国，覆盖收视人群超过 7000 万。目前，《屌丝男士》已经发行到英国、美国、西班牙、意大利等 45 个国家。

搜狐视频利用 IP 向电影和游戏领域延伸，针对粉丝群体进行精准营销，发展出众多的衍生商品，不仅获得更多广告商的投资，最重要的是延长了"大鹏"这一个人品牌的产业链，实现了品牌效应最大化。

二、"纯网综艺"

"正如电影技术产生了电影艺术，电视技术产生了综艺和电视剧等艺术形式，网络视频技术也一定会产生基于互联网的新的内容逻辑，相对于传统综艺节目，它的表现形式应该更自由。"爱奇艺创始人、CEO 龚宇博士曾如是说。尤其是对电视观众较为年轻化的视频网站来说，依托于互联网的综艺节目必定是未来的收视热点。

以《奇葩说》为代表的纯网综艺推陈出新，以素人选手的激烈辩论为看点，以千奇百怪的辩论话题来吸引各个年龄层的观众，使大家有了耳目一新的感觉。目前，芒果 TV 意欲将《超级女声》打造成为互联网产品化的超级综艺 IP。而《超级女声》作为一个纯网综艺节目，进行全民选拔，赛制分为海选、县级、市级、省级、总决赛。节目将把选择权交给网络大众，以往通过短信投票选出冠军的投票形式早已被摒弃，此次会将选手的

---

[1]《屌丝男士》网剧手游联动现象级 IP 探索泛娱乐模式［EB/OL］．（2015-6-10）［2015-12-22］．http://mt.sohu.com/20150610/n414776082.shtml．

晋级权利交给网民，通过网络投票选出今年的"超级女声"。

三、版权争夺战

自 2005 年视频网站兴起之后，搭载视频资源一直是其主要功能。为了抢夺更多的用户，各大视频网站开始了电视节目、电影、电视剧的版权争夺之战，版权成本也成为各视频网站的主要经营成本之一。尤其是近几年，市场上出现了众多优质的节目和影视作品，部分视频网站试图买断其版权，打出独播的旗号，提升自家的竞争力。比如 2013 年 11 月初，爱奇艺宣布以两亿元买断《爸爸去哪儿》《康熙来了》《快乐大本营》《天天向上》《百变大咖秀》等五档电视综艺节目 2014 年的独家播放权，并表示"独家播出、不分销、不换剧、不赠送。"同年 11 月底腾讯视频以 2.5 亿元天价拿下《中国好声音》第三季网络独播权。[1]这种对市面上优质资源的依赖使得各大视频网站拼投资、下血本的竞争愈演愈烈，导致电视节目的网络版权价格水涨船高。

继影视、综艺之后，体育内容或将成为国内视频网站争夺的下一个"阵地"。2015 年开始，国内视频网站对于体育版权的竞争已经进入白热化阶段。腾讯视频与美国 NBA 签订的网络独播协议正式生效。2015 年年初，这一协议签订时曾引发行业一轮"骚动"。腾讯内部相关人士透露，腾讯视频拿下 5 年的中国内地网络独播权耗资 5 亿美元，相当于每年 1 亿美元。乐视体育在过去两年里，疯狂揽下 120 多项赛事版权，既有欧洲五大足球联赛，也有外热内冷的美国职棒大联盟 MLB、美国橄榄球 NFL 以及相对更冷门的马拉松、自行车等；而 PPTV 在其 2015 年的独家和部分独家转播赛事中，也涵盖了 UFC（终极格斗冠军赛）、CBA、亚冠联赛、欧冠、欧联等多项赛事。

---

[1] 高瑞静. 当前中国视频网站的发展战略初探 [J]. 中国传媒科技，2014（10）.

四、互联网巨头布局视频行业

2016年4月，合一集团（优酷土豆母公司）宣布与阿里巴巴集团已完成合并交易，正式成为阿里巴巴旗下全资子公司。同样的，百度有全资子公司爱奇艺，腾讯视频是腾讯的嫡系，截至目前，BAT对国内视频网站的布局已经接近完成。

以阿里巴巴为例，近年来收购动作不断，如以24亿元投资光线影业，15亿元投资华谊，收购文化中国成立阿里影业，收购虾米音乐和天天动听成立阿里音乐，如今又将优酷土豆收入囊中，从投资、制作、发行、渠道、终端再到用户，一个类似于迪斯尼"阿里数字娱乐帝国"悄然展现。

以BAT为首的互联网公司还试图打破国内视频网站免费收看的模式，尝试改变人们免费看视频的习惯。通过提供优质资源来培养付费用户来减小亏损。爱奇艺高级副总裁杨向华表示："爱奇艺拥有中国最大规模的视频会员用户和丰富的影视资源，在中国视频会员服务爆发的风口，我们将以更大的投入服务于爱奇艺忠实粉丝，相信会员收入会逐渐成为中国视频行业主要的营收来源。"

而BAT互联网公司在未来的战役当中除了在资金投入上的竞争之外，需要比拼的还有内容以及整体的规划。比如阿里巴巴在全面收购优酷土豆之后，首先就进行了业务整合，让"优酷""土豆"分别为阿里巴巴集团的各项业务线所用，弥补阿里集团在视频这一块的短板。香颂资本执行董事沈萌分析说："阿里拿下优酷土豆后，若是再收编新浪和微博，进行大数据分析，再加上阿里影业的制作能力，互联网娱乐或是娱乐互联网就成型了"，他还表示，"在线视频行业，第一阶段会向BAT集中，然后开展寡头竞争。"[1]

---

[1] BAT视频网站争夺战必不可少 自制剧或是重中之重[N]."中国报告大厅"，2015-11-6.

五、平台品牌的树立

1. 爱奇艺：纯网综艺

在"2015网络综艺节目行业论坛"上，爱奇艺提出了新的口号——"纯网综艺"。在此次论坛上爱奇艺节目开发中心总经理姜滨表示，今后将不会迁就传统电视台的要求开发节目，爱奇艺今年将以平台化的服务心态，帮助内容创作者开发"纯网综艺"节目，与第三方制作公司或团队分享利益，共同打造综艺节目的网络内容生态。

曾任爱奇艺首席内容官的马东认为，网络综艺的黄金时代已经到来。甩开电视台，是因为除了平台的差异外，网络综艺还有区别于传统综艺的内在逻辑，"互联网用户和电视观众的年龄差距太大了，这造成两者的审美品位差异也越来越大。"马东指出，爱奇艺53%的用户来自19—30岁的年轻群体，随时娱乐、随时表达、随时生产是他们最常见的行为模式。因此，为他们量身定做的节目必须具备互动分享的传播特点，而通过数据分析，个性、趣味、有争议的内容也会受到他们的追捧。[1]

而爱奇艺以"纯网综艺"为平台战略的主要考量在于：一是靠前期购买电视剧、电视节目版权完成了大量忠实用户的积累，有了庞大的用户基础。二是前几年各大互联网企业开始自制内容时就各有侧重，优酷重视自制剧的发展；搜狐视频更注重生产连锁的品牌内容；而相较之下，爱奇艺《奇葩说》《爱上超模》《偶滴歌神啊》《流行之王》等多档节目同时发力，主打的就是纯网综艺，优势更为明显。三是通过自制纯网综艺口碑的累积来扩大平台的影响力。《奇葩说》等现象级节目成功地提高了爱奇艺平台的议价能力，而《爱上超模》《流行之王》都已经反向输出到了传统卫视播出，这些内容分发渠道的拓宽都为爱奇艺的纯网综艺提供了更多的商业

---

[1] 祖薇. 爱奇艺要做"纯网综艺"[N]. 北京青年报，2015-6-11.

模式和变现空间。

2. 搜狐视频：引进海外剧

在诸多视频网站里，搜狐视频一直以来的自我定位是优质美剧引进平台，其2012年的版权采购成本为5000万美元，2013年，预算上调到8000万美元。2014年，开始多元引进战略，搜狐视频利用网络视频上"引进海外剧"的细分受众市场开启了自己的独特战略。

从2009年开始，搜狐视频就大量投资购买正版美剧版权，几年来不但使搜狐视频进入国内前三并成为搜狐内容业务的新增长点，而且还拉动了竞争对手的版权意识，培育了大量的正版观众及商业模式。

以全球大热的美剧《纸牌屋》为例，《纸牌屋》播放量在搜狐视频引进的美剧里算是中上等的水平，不像《吸血鬼日记》这种流量剧，因为它集数长、年轻粉丝多、会有明星传播效应。而《纸牌屋》更多地能为搜狐视频带来的是熟龄用户：年龄比较成熟、有一定阅历和社会地位、收入比较高。更重要的是《纸牌屋》带来的品牌效应。它在话语权人群当中的影响力非常强，所以对搜狐视频来说也有PR效应，能够使"优质美剧品牌"这个定位更加牢固。[1]

3. 优酷土豆：UGC战略

优酷土豆股份有限公司（2015年8月6日更名为合一集团）是中国网络视频行业的领军企业，专注于视频领域。对于视频企业优酷土豆来说，UGC（用户生成内容）是其自创始之初就流淌的基因。优酷、土豆制订发展用户原创（UGC）的战略，分别推出"优酷分享计划"与"土豆播客分成计划"鼓励更多优秀原创作者加入。2013年，已经有287000余部UGC用户贡献原创作品加入其中，丰富了互联网用户的视频观看选择。像"暴走漫画""李洪绸"等UGC创作大户，更是早就迈入了优酷土豆"百万富翁"的阵营。经过一年的发展，优酷土豆分成平台帮助数以万计的UGC原

---

[1] 《纸牌屋》被搜狐视频火速引进的背后内幕［EB/OL］.（2013-3-11）［2015-12-25］. http://www.huxiu.com/article/11289.

创作者圆梦，涌现出许多品牌成功案例：《宸吐槽》单季分成收入21万元，播放量累计6190万；《马里奥红叔》分成单季收入20万元，播放量累计5200万元等。优酷土豆的目标不是一个单纯的视频网站，而是要打造自己的文化娱乐生态系统，而在这个生态系统中，除视频网站、合作伙伴、客户、用户之外，还有视频的原创者，他们是保证其良性发展的重要一环。优酷土豆的目标是携手更多的原创作者，整合线上线下的用户，共同打造多元化发展的视频平台。

4. 人人影视：互联网视频的盗版危机

人人影视曾经是一个著名的网络翻译爱好者组织，专门译制国外视频的非专业字幕组，主要靠网站广告收入和与视频网站合作维持运营。

2014年10月，人人影视因涉嫌盗版问题遭美国电影协会调查，介于版权压力，人人影视于同年11月20日正式宣布关站，不再提供下载服务。4个月后，人人影视推出了转型后的美剧社区——人人美剧。

对曾经的人人影视而言，封杀了他们的美剧下载相当于断了他们最重要的来源，因为美剧的下载量是远远高于电影的，且每集的用户点击量是他们吸收广告投入的基础。而人人影视的核心是字幕组，在人人影视字幕组，一集美剧的翻译工作通常由6个人共同完成，每人负责300句英文。两小时后再分别发给校对，对翻译错误进行纠正，统一语言风格后汇总成一份传给后期压制。压制成员负责在片头放上人人字幕组的LOGO，加注参与本集制作的人员名单，插上循环播出的"本字幕仅供学习交流，严禁用于商业用途，请于24小时内删除"字样，最后压制成常用的rmvb格式视频。经过一条龙式的合作，新一集美剧就上线面向观众了。[1]

字幕组是按照功能属性像企业管理一样分类的：翻译组、CC字幕组、时间轴组、后期组、新闻组、测试组、BT发布组、美工组、评论组，每个部门各司其职，协调运作。虽然在主页和视频边缘打上了"字幕组由网络

---

[1] 叶雨晨. 字幕组的不传之秘 [EB/OL]. (2013-1-25) [2015-12-29]. http://www.global-business.cn/index/fengmian/zlyq/2013-01-10/840.shtml.

爱好者自发组成，不以赢利为目的，加入仅凭个人兴趣爱好，没有任何金钱实质回报"的重要声明，但依然被当成了盗版的源头。

尽管脱离了盗版纠纷，但对于新的人人美剧而言，如何继续生存还是一个大问题。第一，版权问题是关键。由于清除了所有的盗版视频下载，那么人人还有多少合法内容能够吸引用户，面对搜狐视频和爱奇艺等传统大型视频网站的境外剧竞争，核心竞争力在哪里？第二，近年来，搜狐视频、优酷土豆等大型视频网站一直加强对美剧的引进，而且为了争夺用户，各大视频网站正在加强网络独播。现在许多美剧的版权已经被大型视频网站抢购，一些视频网站甚至凭借自身的资源优势与美国的电视台合作。例如：腾讯视频与美国付费电视台HBO签署战略合作，获得了包括《兄弟连》《新闻编辑室》《权力的游戏》等在内的经典美剧的独家版权。随着视频网站对美剧的争夺，独家版权播放费用也是水涨船高。"现在美剧的版权竞争十分激烈，一集价格涨到了8万—12万美元，而对于那些非常知名的美剧，单集播放费用甚至更高。"一位视频网站采购部相关工作人员表示。[1]

在争夺美剧版权的大战场上，人人美剧的阵地不容易坚守。毕竟主流的互联网企业有金主、有资金支持，但是人人美剧如何获得资金来源是一个大问题。

尽管自2004年成立至今人人影视已累积庞大的忠实用户，且经过十几年的运营，也培养出了专业的运营、翻译、管理团队，人人影视"蚕变"之后，摘掉了盗版视频网站的帽子，开始用真金白银购买版权，但面对资金的投入，未来如何赢利仍是首要问题。

由于人人影视的用户主要为海归、企业白领以及大学生等，许多奢侈品、电子产品、汽车等高端品牌或将成为其主要客户，未来这部分广告收入或将成为人人美剧的重要收入来源。

---

1 人人影视变身人人美剧专家吐槽"从人人到没人"[EB/OL].(2015-2-16)[2015-12-28].http://www.entgroup.cn/news/Markets/0623484.shtml?utm_source=tuicool.

第五节　台网联动

后起之秀互联网企业与老牌霸主传统电视台，在视频节目播出平台的竞争过程中逐渐意识到，你死我活并不是唯一的出路，取长补短、互利共赢才是长久之道。对于当下的观众来说，既需要传统的电视台来打造生活气氛和经典情怀，也需要互联网视频网站提供灵活随意、聊以消遣的内容。因此，互联网视频网站与传统电视台只有合作共赢，共同拓展电视新的生态结构，才能各自谋求更长远的发展。

一、台网联动的必要性

目前，视频网站已经成长为能够与传统电视台在品牌到达率和展示频次、人群覆盖、地域到达以及传播周期等层面形成优势互补的传播平台。[1] 数据显示，有超过 70% 的人群是通过电视台和视频网站共同完成对一些高品质影视节目的消费与欣赏的，电视台与视频网站的强强联合可以共同拉动双方的收视率和点击率，同时也能够通过营销、推广、宣传等手段的综合运用实现节目采购成本的降低，从某种程度上来说能够丰富双方影视节

1　曹华. 台网联动——电视台与网站的双赢之举[J]. 新闻知识, 2012（8）.

目的内容，进而为品牌的优化与传播创造适宜的环境。正如中国传媒大学广告学院院长黄升民所说："网有人气，台有品牌，资源共享，优势互补，台网联动已经将内容传播从渠道转变为平台；生产组织政策也更加周密，台网联动的产业巨舰已经徐徐起航。"[1]

二、台网联动的几种模式

台网联动的目的在于整合优势资源，视频网站与电视台强强联合，无论是出于广告合作的考量还是出于吸引更多目标受众的目的，最终都必然会出现多赢的局面。

1. 内容联动

内容联动是电视台与视频网站达成战略合作，网站可以播出电视台的影视节目，用户可以在电视台节目播出后的几个小时后，在视频网站上看到相应的电视剧、综艺节目、娱乐节目。内容联动是目前最基础的联动模式。对电视台来说，与视频网站的合作不仅可以给电视台带来一笔可观的版权收益，同时还能扩大电视节目的影响、创造电视节目的口碑；对视频网站来说，选择已经在电视台播放过的节目，费用相对较低，并且从电视台购买电视节目要比直接从节目制作方手里购买新节目要划算得多。

2. 推广联动

推广联动一般是针对某一特定的节目使用的汇聚电视台与视频网站优势资源以实现对该节目的推广的一种模式。电视台利用自身的广宣优势对某一影视剧进行全天候不同时间段的宣传推广，视频网站通过网站热播头条以及微博、微信软文等渠道同时对该影视剧进行宣传，双方共同为这部影视剧创造话题，最终实现影视剧的收视率提升，而电视台和视频网站也无疑会从中收获利益。

---

1 刘亚娟.台网联动的"深度"[J].综艺报，2011（19）.

3. 播出联动

与电视台购买影视节目的首映权一样，视频网站购买与电视台同步播出影视节目的独家版权时，也要付出高昂的费用，视频网站为了打破与其他竞争对手的同质竞争，会考虑购买影视节目的网络播出版权。在电视台播出影视剧的档期，视频网站也获得相应的热度和点击率，广告收入也就会水涨船高。

4. 营销联动

电视台 App 的互动性、实时性、包容性也造就了新的营销模式，电视台可以利用多种新媒体手段，打造多元化的宣传推广活动。同时也可以实现跨媒体合作，利用社交媒体的优势和网络大 V 的影响力实现立体化宣传、营销，整合媒体资源，实现传播效果最大化。比如湖南卫视的亲子真人秀节目《爸爸去哪儿》，通过新浪微博话题的形式，来广泛征集录制地点，既宣传了节目本身，又集思广益充实了节目内容，一举两得。电视台可以将台网联动的重点放在营销层面，通过整合电视台广告、视频网站首页热播预告、新浪微博话题榜、新浪微博热门榜等资源，将营销工作做好，实现台网深度互动与联动，最终实现双赢的目的。

三、"蒙面歌王"：台网联动新玩法

2015 年，江苏卫视从韩国 MBC 重金引进了同名音乐挑战类真人秀节目《蒙面歌王》，参加的所有明星歌手均以面具遮面，观众根据歌手的歌声为考量依据，进行排名、晋级，晋级后的歌手再进行排名决出歌王。

《蒙面歌王》节目的制播由音乐类节目制作最强团队灿星出品和一线平台江苏卫视担纲，而网络视频独播平台乐视网的加盟，通过打造衍生内容+互动新玩法，力图在全方位台网联动方面揭开节目的神秘面具。

乐视网作为《蒙面歌王》全网独家播放平台，拥有着最完整、最丰富的生态资源与综艺运营功底，为《蒙面歌王》注入一剂最强动力。而灿星

作为中国电视音乐真人秀中的顶尖团队，打造过《中国好声音》与《中国好歌曲》，江苏卫视也成功运营过数个王牌级季播综艺。此次《蒙面歌王》打造了"乐视网+江苏卫视+灿星"的三方联动模式，重新改写了"网台联动"的综艺模型，将行业历史重新书写。

在《蒙面歌王》的衍生节目打造、互动模式创新等方面，乐视网都做了全面布局。推出音乐纯享、歌王精彩时刻版等适合社交网络、移动端传播的内容；周二至周五会推出视频串联播报及单视频播报视频的策划及制作，包括未播花絮及相关网络热点话题；多档不同形态、定位的衍生节目集体发力，而节目的创意和制作，也都围绕着面具及其延伸的歌王猜想展开。值得关注的是，乐视网还打造了周六版衍生节目《歌王魅影》，对上期节目进行回顾，并对下期节目进行预告，基本做到每周每天都有精彩内容呈现，王牌访谈节目《星月私房话》也将制作歌王特别版，邀请每周揭面的选手进行深度访谈。

除了多样化的全网独家自制内容外，基于节目蒙面竞技模式和面具背后歌手身份的竞猜互动优势，乐视网还设计了一系列全新互动玩法。播出期间，乐视网依据《蒙面歌王》的悬念感，推出一款创意相通的同名猜歌类手游，包括猜人、猜声、猜歌等多种游戏，并打造一款简洁且易于上手的H5游戏。此外，乐视网还有一个观众听审团的独享通道，线上参与直播互动，就有机会赢得现场投票的限量名额。

不少乐迷通过乐视超级手机观看了《蒙面歌王》，生态级的体验也给用户耳目一新的感觉。用户将《蒙面歌王》加入系统关注，体验《蒙面歌王》移动端最新动态提醒，视频内容观看，超级手机的日历、壁纸、铃声无缝隙使用的生态服务。有用户惊叹："乐视超级手机让我们与《蒙面歌王》的距离更近了，好像有种心灵相通的感觉。"这种新鲜的合作也大大增强了用户对节目本身和乐视播出平台的忠诚度，进一步地加强了品牌影响力。

第六章

"互联网+"时代的电视受众分析

本章探讨互联网时代的电视受众,分析互联网思潮影响下电视受众特性的新变化。互联网时代我们怎样看电视?从传受关系、收视行为、付费习惯、受众心理等多重维度进行了描述,同时也以典型案例探讨了弹幕、大数据分析与受众的关系及其给当下电视行业带来的深远影响。

第一节 "互联网+"时代的电视受众

互联网是促成新媒体发展的舞台，它使传媒行业的变革以前所未有的深度、广度与速度发展着。OTT TV、手机电视、移动电视、视频网站等视听娱乐平台遍布我们生活中的每个角落，随之而来的是，"看电视"这一过去几十年人们再熟悉不过的生活方式也发生了翻天覆地的变化。

电视媒体面临的竞争是残酷的，不仅要面对来自互联网时代的新媒体竞争，还要面对以受众为主的自媒体竞争。众多的闯入者和视频网站的兴起，使未来的电视市场充满了挑战。[1]当传统电视意识到危机四伏时，开始通过一系列互动体验来挽留观众，参与到这场前所未有的观众争夺战中。无论是对电视台、视频网站还是互联网电视来说，受众都是最核心的资源。"受众是互联网电视传播的'目的地'，也是传播效果的'显示器'，是传播活动是否成功的评判者。没有受众的反应和收视行为，就不能真正体现出互联网电视传播的效能和效率。"[2]深入研究受众的喜好、需求、习惯以及态度，已成为行业内的共识。

---

[1] 黄学平.破局：新媒体广播的渗透［J］.声屏世界·广告人，2014（6）.
[2] 蒋谊.中国网络电视受众的收视研究——以节目内容分析为角度［D］.南京：南京师范大学，2008.

一、受众的分流与共享

让我们来看看今天很多家庭的日常生活场景：下班回家先打开电视，随意播放一个频道，然后开始用手机刷微信朋友圈，拿出 iPad 找自己喜欢的视频，或者跟家人聊天、吃饭，电视作为一种伴随状态始终存在，人们的注意力却不在电视屏幕上。20 世纪那种全家人围坐在电视机前收看节目的情境越来越难觅踪影，各种节目收看终端的出现，使得受众的选择更加多样化、个性化。

同时，受众的年龄、性别、教育水平等方面的差异，决定了每个人的欣赏习惯和审美偏好的不同，收视行为、收视需求和收视习惯也都各具特色，因此，在不同的播出平台、节目内容、节目偏好等方面都更加追求多样化和个性化。今天的受众不仅会根据自己需求来选择不同的播出平台和电视节目内容，更倾向于追求个性化的生活，突出所属群体的与众不同。

互联网电视的受众年龄层大多集中在"80 后"和"90 后"，"70 后"也有一定体量。在互联网电视的受众中，18—30 岁年龄为媒体的主要受众群体，占据了整个收视群体的 50% 以上。[1] 该年龄层的受众接受新鲜事物快，拥有较高学历和知识文化水平的比例相对较大。尼尔森的《互联网电视（OTT）受众研究报告》显示：在互联网电视受众人群中，年龄在 18—34 岁之间的人群是互联网电视的主要受众群体，占据了总规模的 53.8%，其次是 35—54 岁的人群，占据了总人数的 42.6%，而 54 岁以上的人群则只占据了 3.6% 的份额。

受众的性别不同，收视习惯也有一定差异。例如，在地铁等公共场所，女性多会选择观看节目视频，而男性更多的是观看电子书和新闻等。

当然，对于受众来说，互联网电视和传统电视的观看过程和观看体验

---

[1] 蒋谊. 中国网络电视受众的收视研究——以节目内容分析为角度 [D]. 南京：南京师范大学, 2008.

不尽相同。一个是前倾、一个是后仰；一个是主动点播，随意选择观看的时间和地点，一个是被动接受，观看节目要受到节目播出时间的限制。互联网电视是个性化的内容选择和广域的互动分享并存，而传统电视是家庭化的收视和分享环境固定。但在内容上二者的同质化程度越来越高，现在大多数电视节目都可以通过互联网电视播放，达到重复播放观看的过程以弥补受众错过直播的遗憾。可见，二者在受众资源上的共享，实质在于它们在追求满足受众的内容需要，无论是互联网电视还是传统电视，内容仍然是受众最重视的部分。[1]

二、受众意识的变化

1. 受众主体意识增强

电视市场竞争激烈的客观环境给了受众更多的自由，以受众为中心的意识逐步增强，受众自我世界的需求和个人情感得到了不同程度的释放和展现。人们更倾向于表达自己的想法和愿望，也乐于受到其他人的关注和欣赏，彼此之间的交流不再仅仅局限于直接的社会交往，而是伴随着互联网社交媒体等新兴媒体的出现，更多地开始转向互联网社交领域，随之而来的是对互联网信息的占有欲，因此，把互联网上的电视当作满足自我需求和他人沟通的重要工具，这种社交方式越来越受到大众的认可和喜爱。

2. 受众参与意识突出

受众在自主选择性上获得了巨大满足之后，不再仅仅满足于能够自主选择节目，选择观看方式和选择习惯的改变，一方面，主动参与电视——把自己对电视节目内容需求的关注和选择标准表现出来；另一方面，想主导电视，制作自己感兴趣的视频短片，自媒体蓬勃兴起，受众不仅观看电视，更是参与到创作和传播电视节目和内容的过程中来，自成平台，制作

---

[1] 黄京华. 网络视频与电视：受众的分流和共享 [J]. 中国广播电视学刊，2012（4）.

搞笑、有趣的视频上传，从而拥有属于自己的粉丝群体，并从中获得强烈的自我价值实现和满足感。

由于移动多媒体设备变成了遥控器，受众手握能随意摆布的信息资源，其"自我中心"地位更得到凸显，更具控制欲和体验感受，从而增强自身对信息的把控，使信息的传播更加精准和高效。从传统媒体的"内容为王"、互联网新媒体的"终端为王"到如今多屏互动时代的"发现为王"，人们进入一个信息"泛在"时代。由于多屏时代的"多屏互动""多屏转移""多屏共享"等特质，受众传受合一的特性更为突出，变得更具娱乐性和分享性。[1]

3. 受众消费意识变化

伴随着互联网新媒体越来越普及化，受众的消费意识也越来越强烈。生活节奏的加快和工作压力的加大，受众更倾向于快速消费、快速体验，注重消费的体验快感和娱乐化。如传统的电视连续剧，特别是集数较长的电视剧越来越不被快节奏的现代生活接受，而一些短小精悍的网络剧、网络微电影和综艺节目则越来越受欢迎。比如《奔跑吧，兄弟》《极限挑战》等综艺节目，每期之间内容相对独立，时长在150分钟左右，靠着众多明星之间的"发酵"产生强大的幽默效果，在互联网上的点击率非常高。

---

1 周子渊. 多屏互动时代的受众分析[J]. 青年记者，2013（2）.

第二节 "互联网+"时代我们怎样看电视

在互联网时代,我们可以自由选择电视节目,不再受收视时间的约束;可以随时随地看电视,不受空间约束;可以想怎么看就怎么看,不需要在电视机前正襟危坐……这些"看电视"的种种变化,都是互联网时代电视收看行为最本质的特征。

一、互动:从单向传播到双向交流

互联网时代电视最大的突破就在于打破了传统电视的单一传播,加入评论、转发、点赞的功能转换为互动的双向传播,从单向到双向甚至成为多向的传播模式,让受众从被动接受电视到主动选择电视,这无疑推动了电视业的进步,也激发了传统电视的变革与升级。

这里,受众逐渐占据主导地位,跨越信息传递渠道的障碍,不再单纯地只是接收信息,话语权地位提高,由单一体演变成综合体,成为信息的传播者和掌控者。

在《超级女声》出现后的很长一段时间里,电视台和观众的互动方式主要就是通过手机投票、短信评论留言等来改善这种单向传播的局面,但观众只能发送自己的留言评论显示在电视屏幕的下方,并没有得到实质性的反馈,受众的及时互动性仍然没有得到满足。而以互联网电视为代表的视频网站都有专门的视频评论区、点赞区,大大增强了受众的互动性。特别是弹幕的出现,有效地弥补了视频评论时效性的缺憾。受众不仅可以自己点评视频,还可以和具有共同偏好的其他受众一起,一边吐槽一边分享,从陌生人变为志趣相投的朋友,这种强烈的共鸣是在过去传统电视节目中很难体验到的。

国内以弹幕视频分享为特色的哔哩哔哩网开创了双向互动的另一个先河,观众在观看视频时可以发弹幕、对视频进行评价、发表自己的观点、和具有相同爱好的观众进行交流。再如近两年大受欢迎的包括诸如"一直播""映客直播"等在内的各种直播 App,也依托于明星直播引流,吸引大量的用户入驻,主播与观众能够实时互动,实现双向交流。

二、时间:从固定时间到碎片收看

在移动互联网时代,这样的场景时时刻刻都在发生:地铁上,几乎每个人都是低头一族,人们戴着耳机,手持不同屏幕大小的移动多媒体设备打发时间,有的人在看新闻,有的人在看网络剧或娱乐节目。过去,电视节目收视时间是固定的,重播的时间也是固定的,受众只能跟着电视台的步调和节奏,全家人围坐在电视机前收看喜爱的电视节目。而互联网出现后,人们可以不再拘泥于节目播出时间表的限制,而可以随时收看视频节目。同时,同一个视频可以通过手机、平板电脑、PC 等移动多媒体设备观看,方便了受众随时随地观看,吃饭、坐公交、挤地铁甚至睡觉前躺在床上,都常常会捧着平板电脑或手机看新闻、看娱乐节目。

互联网把收看电视的行为从仪式化逐渐转变成碎片化观看。受众在观看视频的时间、地点、内容上都出现了巨大的变化,受众传统的使用习惯被打破。在时间上,用户观看视频的高峰时段,从传统电脑端的晚间时段，扩充到全天任意时段。同时，生活节奏变快，碎片化阅读与浅阅读占据了人们的大部分时间，严肃冗长内容的收看意愿比过去明显降低。

在互联网时代，碎片化是网民阅读行为的一大特征，也同样成为电视受众的一大特征，主要表现在内容需求和上网时间的碎片化。因为上网时间的碎片化，受众更倾向于观看短小易懂的视频短片，如音乐MV、微电影、网络剧、综艺节目等。另外，手机上网常态化成为用户的一种生活习惯。同时，受众的注意力也相对更加分散。在主流媒体是传统媒体时期，受众的注意力较为集中，同时，注意力资源也是充足的。在新媒体信息爆炸的时代，受众的注意力开始被争夺、被分割，成为最为宝贵的资源。

受众注意力的深刻变化，对内容生产带来了决定性的影响。例如，视频网站针对碎片式观看量身打造的MINI剧。通常时长为5分钟，麻雀虽小五脏俱全，故事、情节、笑料、包袱一个都不少，充分利用碎片化时间，便于手机、平板电脑等移动客户端观看和即时分享。[1]再例如，优酷出品的《泡芙小姐》成为优酷团队率先尝试的先锋作品，手机、平板和电脑同时上线，同步播出普及、优酷拍客、新浪秒拍等即拍即传的App，也为成就网红明星打造了草根平台，奠定工具基础和展示的舞台，各种拍客的活跃线上秀增强了互动的即时性，为用户提供了更为丰富的视频社交体验。[2]

三、空间：从固定地点到边走边看

今天，电视节目的收看已经从客厅转移到了几乎任意地点，只要有移动设备就可以随时观看视频，一台电视机和一个客厅的空间已经不再是"看电视"这一行为的必要条件。场景任意切换，地点随时转变。多种移

---

[1] 古永锵.创新——无限想象空间[J].成功营销，2013（7）.
[2] 乐视网.编织充满想象力的多屏营销蓝图[N].声屏世界·广告人，2013-7-1.

动设备非常便捷地转换了收看场景，手机、平板、电脑等移动设备成为场景切换的重要工具。

细分来看，受众习惯在不同场景下使用不同的屏幕观看视频，在晚上下班后更多呈现的是多屏同时观看的联动行为；视频的观看场景也从PC端集中在办公室或家里，扩展到户外、公共交通、休闲空间等场所，使用的移动终端设备则遍及PC、平板、手机和智能电视所有的移动多媒体。在内容上，用户在不同屏幕上产生的需求和习惯各不相同导致了屏幕分工的细化。总体来看，多屏时代促使用户的碎片时间得到了充分利用，观看时间得到了充分延长，同时播客等自媒体的发力也使互联网电视更受大众的喜爱。[1]

互联网电视的发展催生了多屏的存在，随时随地只要我们有喜爱的电视节目就会上网搜索节目，观看自己喜爱的节目，或者提前下载好网络视频存储到移动设备上。通过对网络视频用户在不同时段、不同地点对在不同终端上观看网络视频的收视行为，我们可以看出电视、PC、智能手机、平板电脑对视频用户实现全天近似无缝的使用。[2] 在终端的使用过程中，各种不同类型的终端既有相互分工，又不断融合。四块屏幕正在渗透入人们生活的方方面面，将互联网视频受众的使用时间和观看行为碎片化，但是受众对互联网整体的使用时长和依赖程度却增加了，从而可以随时随地任意观看，使受众接触网络信息的时间变得更加零散，同时也使用户更加依赖于这种接触行为。[3]

四、分享：从家庭仪式到"个人+分享"

直到今天，电视机还是大部分中国人客厅里的必备品。对很多中国家

---

[1] 视频行业2013发力点［EB/OL］.（2013-6-28）［2015-12-29］.http://blog.sina.com.

[2] 李逸群.三网融合时代：多屏融合激发视频网站的跨屏联动营销［J］.新西部（理论版），2014（10）.

[3] 彭思雁.网络电视与传统电视用户行为比较研究［D］.广州：华南理工大学，2012.

庭来说，在过去几十年中晚间的主要活动，就是一家人一边看电视，一边聊聊天。慢慢地，看电视不仅仅只是一种获取信息或娱乐的行为，而成为凝聚家庭情感的纽带。特别是每年除夕夜的《春节联欢晚会》，全家人围坐在一起看春节晚会、吃年夜饭已经成为一代中国人象征团聚的重要家庭仪式。

互联网出现以后，这种家庭收看电视的仪式感正在逐渐趋于消解，收看电视的行为更多时候变成了"个人＋分享"的模式。比起与全家人一起坐在沙发观看电视剧或综艺节目，年轻一代更倾向于通过视频网站或者手机来看节目，通过 SNS 社交媒体与他人链接，与他人分享、吐槽节目内容，有的时候电视节目内容本身变得不再重要，众人一同吐槽的狂欢才是乐趣所在。越来越多的视频网站在视频菜单中添加了"分享"按钮，用户可以即时将自己看到的视频内容通过"分享"按钮分享到各大社交平台上，并可以在分享的同时加入自己对该内容的评论。

也有学者提出，表面看相对疏离的互联网电视和传统电视，实际上在抢夺受众市场方面有着很高的重合度，互联网电视和传统电视也在一定程度上可以共享受众资源。受众资源共享与内容共享上具有很强的双向互动。[1]

五、选择：从免费到会员付费制

传统有线电视的收视费用，对大多数中国家庭来说是非常低廉的，而互联网上收看的电视节目也大多为免费资源，受众已习惯几乎不需要花费任何钱就可以得到自己喜欢的节目的视频资源。然而对整个电视行业来说，由于互联网的开放性，使得过去的电视资源几乎没有版权保护，不仅不利于电视行业的发展，也在一定程度上伤害了电视内容生产的创新性和积极性。

与此同时，视频网站运营成本越来越高，广告经营仍然是最主要的盈

---

[1] 黄京华. 网络视频与电视：受众的分流和共享 [J]. 中国广播电视学刊，2012（4）.

利模式。众多视频网站为了在激烈的竞争环境中达到收支平衡,在视频播放前增加广告时长来保证盈利,但长时间的广告不仅影响了用户体验,广告价值也未能得到很好体现,广告价值难以提升又引起广告主的不满,于是被迫插入更多的广告,形成恶性循环。从长远来看,单一广告经营模式不利于用户资源的维护,也影响了高品质内容生产的可持续性。

在这样的背景下,互联网电视以及视频网站都开始探索会员付费制度,以保证用户可以得到高品质的观看体验。会员可以收看高清晰度的视频内容,并优先选择最新的电影、电视剧,同时也可以拥有过滤片头广告的特权。通过购买更优质服务来提升用户体验,正在悄然转变用户"免费观看"的习惯。"截至2016年6月1日,爱奇艺有效VIP会员数已突破2000万人。"这是在2016年上海电影节期间,爱奇艺抛出的一个重量级消息。相比2015年的500万人,在短短一年的时间内爱奇艺的会员数量实现了3倍的增长。根据艾瑞咨询数据,2011年用户付费收入占视频网站整体收入的3.4%,2015年,该数字上升到12.8%。中国视频网站整体付费规模达到了2884万人,同比增幅高达264.1%。艾瑞咨询还进一步预测,未来几年仍是付费用户的爆发期,市场环境已经初步发展成熟,在各视频企业的推动下,视频增值服务将逐渐发展为与广告同等重要的收入来源。[1]例如爱奇艺自制剧《盗墓笔记》,对于"盗墓粉"来说一集集等待无疑是一种煎熬,而购买了会员资格后,用户可以一次性看到全部剧集。因此,促使了大量的粉丝从普通用户转向付费用户。正如爱奇艺CEO龚宇提到的那样,视频服务如果仅仅靠广告收入、商业模式根本建立不起来,只有转向用户收费,提供多样性、深度的内容服务,才能成为一个健康的商业模式。[2]对于目前以广告为主要收入来源的中国视频网站来说,爱奇艺的VIP

---

1 夏芳.有效VIP会员破2000万爱奇艺私有化进展顺利积极备战国内上市[EB/OL].(2016-6-17)[2016-6-30].http://zqrb.ccstock.cn/html/2016-06/17/content_185309.htm.
2 龚宇.爱奇艺付费会员突破500万[EB/OL].(2015-6-16)[2016-6-30].http://it.sohu.com/20150616/n415140968.shtml.

会员业务体量和增速，预示着在中国付费获取视频内容和服务的用户数量已经粗具规模，并且潜力巨大。

付费制度的推行使得影视作品受众在消费作品时，逐渐养成尊重版权所有人权益的意识，按照法定要求自觉付费。版权所有人在权益得到保障之后才能够付出更多的精力，继续创作出更优质的内容资源，如此循环往复，是一种可持续发展的生态闭环，有利于互联网影视乃至整个影视产业的规范化发展。

六、体验：从"看电视"到"玩电视"

传统电视在加强自身内容质量和效果的同时，也紧随现代科学技术发展的脚步，创新受众互动模式，引进微信、微博等SNS社交工具，改变原先的单向输出模式，让观众参与到电视，形成电视主体与受众客体之间的互动双向模式，"摇一摇"和"扫一扫"成为当下与电视节目互动的主要形式。例如在2015年央视春节联欢晚会上，"摇一摇"的出现，极大地满足了受众的互动体验，让观众从看电视进入到了玩电视的场景体验中。微信与春晚进行深度绑定，"摇一摇"功能不仅能摇红包，还摇出很多惊喜：春晚节目单、正进行表演的演员信息、与好友的距离以及发送贺卡。[1] 春节晚会当晚"抢红包"成为主要娱乐方式，全国观众都在时刻准备着等待整时的抢红包，央视春晚微信"摇一摇"互动总量达110亿次，峰值达8.1亿次/分钟。这也使人们感叹，互联网时代的竞争已渗透进了电视场景之中。此外，如电子游戏与时下流行的VR技术和互联网电视的结合，使互联网电视具有了更强的临场参与感和更优化的交互能力，也让"看电视"越来越接近"玩电视"，电视的功能体验也越来越丰富了。

---

1 2015央视羊年春晚成红包大战 春晚微信摇一摇达110亿次［EB/OL］.（2015-2-19）［2016-1-10］.http://www.guancha.cn/life/2015_02_19_309921_s.shtml.

七、营销：受众精准投放

"我知道我的广告费有一半被浪费掉了，但我不知道是哪一半。"早在一百多年前，约翰·沃纳梅克就总结了困扰广告业多年的一个难题。如何加强广告传播的针对性，提升广告的转化率，一直是广告人和广告主最为关注的问题。随着互联网时代的到来，大数据能够实现对受众的精准分析。下面我们以电视剧为例。

近几年，韩剧在国内市场的根基越来越坚实，凭借温馨的剧情、帅气的"长腿欧巴"以及时尚华丽的场景造型，俘获了中国观众的"爱美之心"，引发收视狂潮。数据显示，韩剧的受众中女性占绝大多数，并且呈年轻化态势，21岁以下的受众占比34%。[1] 在这一背景下，广告商大动脑筋，结合以年轻女性为主的受众特征，主要投放化妆品、服饰、时尚3C产品、电商类品牌等广告。以腾讯视频为例，启动"追你追到韩国去"战略，《Big Man》《恋爱的发现》等韩剧成功吸引到可口可乐、美宝莲等众多品牌的广告投放。

而与此同时，美剧则主要定位于精英群体。美剧题材涉及政治、超自然百无禁忌，同时也有对社会、人性的思考。"美剧迷"以高学历群体为主，这部分受众由于受过良好教育，拥有国际化的视野，对欧美文化的理解能力更强。据大数据显示，在性别分布方面，观看美剧的男性观众要多于女性，但不同题材的美剧性别差异较大，同时，美剧受众的年龄层要高于韩剧受众，以22—39岁的人群为核心。由于美剧锁定"高大上"精英群体，视频网站一般投放该群体具备购买能力的奢侈品、汽车、电器、电子产品。腾讯视频就很好地利用了其用户高覆盖率的大数据优势及独有的整合性平台资源，使英美剧频道获得了沃尔沃、巴宝莉以及三星在内的近百个重量级厂商的广告支持。

---

[1] 电视剧"受众细分"视频网站广告运营精准化［EB/OL］.（2014-9-18）［2016-1-25］. http://www.entgroup.cn/Views/21910.shtml.

第三节 "互联网+"时代的受众战略

一、丰富的优质资源吸引受众

对视频网站来说,它们在受众互动、体验参与等方面具有天然的优势,但是相比传统媒体,仍然缺乏优质内容,缺乏专业的制作团队,电视节目创作的精品化和深度感是目前互联网无法避免的缺失。从这个角度上说,互联网节目与传统电视台的节目,并不是由此及彼地取代,而是扬长避短,共同构建视频消费的电视新生态。

互联网电视和传统电视通过形成双向的互动,可以从内容到受众形成良性循环,通过好的内容聚集受众,形成规模效应的受众市场为视频网站赢得利益,进而有资本引进更多的优质内容,有内容才能有受众。[1]

随着我国版权保护的日趋完善,我国也正在逐步跨入"内容为王"的新时代,近两年国内 IP(intellectual property)概念的火暴,也从某种程度上印证了这个优质资源的重要性。随着知识产权保护的完善,优质影视资源的版权费居高不下。各大视频网站也开始转向自制视频。据报道,2015年,爱奇艺的自制网剧的年产量达到 30 部约 500 集,共计 15000 分钟的

---

[1] 陈磊.西方培养理论及其在中国的传播[J].中国广播电视学刊,2012(4).

规模，同时，网剧会以现有电视剧成本最高价格的 1.5 倍去投入，像《盗墓笔记》单集成本达 500 万元，《心理罪》的成本也达到了单集 300 万元。综艺节目方面，爱奇艺拿出千万级投入的互动时尚真人秀《爱上超模》以及台网联动的《流行之王》《一触即发》《爱的表白》与《我去上学啦》。由蔡康永、高晓松和马东联合主持的辩论节目《奇葩说》得到了冠名商 5000 万元的广告支持，不亚于一线卫视黄金档节目的冠名费。随之而来的是，在 2015 年 6 月份爱奇艺的会员超过 500 万人，同年 7 月份靠《盗墓笔记》这一自制剧吸引了大量付费用户，到同年 12 月份，爱奇艺的会员已突破 1000 万人大关。毋庸置疑，互联网电视和传统电视都已经意识到，只有以优质的资源吸引受众，才能够赢得可持续发展的先机，也只有依赖优质的资源，内容生产才可以长盛不衰。

二、追求个性独特的创意

独特的个性，是所有创意产业的核心，也是电视创作一直追求的目标。新颖的制作视角，独特的节目思维，个性化的观点表达，这些都是互联网时代吸引受众的主要方式。

例如，《奇葩说》自节目推出以来，直击当下社会各种敏感话题，引起了大批年轻用户的热情围观。微博话题"奇葩说"阅读量高达 24.2 亿，"话题直戳心脏啊""单身汪们表示不服"等评论纷纷袭来，话题热度引爆社交网络。[1] 同时，节目嘉宾的观点犀利、大胆，往往冲击社会主流意识形态的尺度，甚至对一些社会偏见带有肆无忌惮的火药味，但节目制作方认为：这种冲击的本质在于用真话表达真态度。正如一期节目中主持人马东所说："我很钦佩用自己的故事去说服对方的人。"从第一季开始，无数的奇葩选手 PK 的不止是辩论技巧的"雄辩"，也有分享故事、分享成长的

---

1 《奇葩说3》播放破亿网友：话题直戳心脏［EB/OL］.（2016-3-23）［2016-5-25］. http://www.zj.xinhuanet.com/yltd/2016-03/23/c_1118413540.htm.

"真心"，对此，牟頔坚持认为：这个"真"首先体现在我们的规则，场上的选手的持方立场，都是自己真实观点的真实表达。只有自己信才能辩出真情实感，这区别于传统辩论赛。其次，我们特意营造了一个聚气的合适聊天的小场子。演播室不大但很浓缩，因为环境会影响说话的腔调。上了大舞台，人的气场会被压制，比如颁奖礼比如春晚，而自己家里围坐一桌聊聊天就很放松惬意，《奇葩说》就是想打造后者的感觉，就是放松地唠唠嗑。还有，艺人和选手都很勇敢地分享自己的故事，恰当的故事能帮助直抒胸臆，篇幅比例和情感渲染上也尽量不过分夸张恰到好处。说到底，《奇葩说》就是一群真实的年轻人用真实辩论的方式探讨真实的热点问题。这些辩手看似天马行空的辩论，实现了最为可贵的观点表达的过程。正因为如此，这档严肃的辩论节目也被《南方周刊》盛赞为是"这个时代的说话方式"。[1]

《奇葩说》的个性表达，当之无愧成为网生节目的标杆，这一点从主持人搞笑幽默的"广告时间"也可看出："有钱有势不如有范的时尚App有范""国际抗饿大品牌伊利谷粒多燕麦牛奶""喝了才能愉快聊天的雅哈咖啡""狂拽炫酷吊炸天的东风标致308S""吃了就变逗比自己跳到碗里的M&M's巧克力豆"等，节目奇特的广告语也成为被观众津津乐道的话题之一。

在追求个性与创意的背景下，传统电视台的节目也同样在不断改造与升级。如湖南卫视推出的音乐类综艺节目《我是歌手》，与草根选秀不同，《我是歌手》邀请的嘉宾都是在演艺界获得认可的专业歌手，以高手之间的"巅峰对决"为看点，优秀的歌手加上优秀的乐队和顶级的设备，为观众打造震撼人心的听觉盛宴，因此，其一经推出就受到了极大的关注。

北京卫视独辟蹊径推出《跨界歌王》，邀请影视明星来参加歌唱比赛，给人耳目一新的感觉，在主打歌唱的同时，节目并没有忘记发挥这些影视

---

[1] 《奇葩说》：真话表达真态度引发"奇葩围观"［EB/OL］.（2015-6-29）［2016-1-28］. http://www.zj.xinhuanet.com/yltd/2015-06/29/c_1118413540.htm.

明星们在表演方面的特长，十分注重舞美和舞台表现，将嘉宾的演唱和舞台情境相结合，每一首歌曲的演唱都宛如一场精美的小型音乐剧，受到了观众和市场的一致认可。

除此之外，受众体验和服务的个性化也非常重要。在内容大同小异的基础之上，能吸引受众的自然就是形式上的新颖性和独特性。例如，湖南卫视推出的《我想和你唱》将互联网和电视打通，来自各行各业的"素人"们通过网络上传自己的演唱视频，获得点赞最多的"素人"拥有参加节目录制的资格，通过比拼获得和自己喜欢的明星在电视节目中合唱的机会。

三、满足受众需求，细化市场

互联网电视和传统电视既有各自不同的细分受众市场，也有共享的受众市场。视频网站为了争取更多的受众资源，需要引进更多的影视版权内容来吸引受众。电视台为了保有更多的受众，也需要以建立网络电视台等方式拓宽传播渠道。虽然两者的起点不同，但在获取和共享受众资源的共同目标引领下，或许会走出不同路径的媒介融合的道路。[1]

受众的收视需求要求互联网时代下的电视必须细分化，不再像原来那样笼统地称为电视市场。分众传播意味着媒体的个性化服务要依据受众的动机、需要、欲望等诸方面的差异，把受众划分为若干个受众群，从而确定传播方式的过程，这比大众传播的受众需求更为苛刻，对信息的要求至少包括贴近、深度、个性、前沿等特征。这要求电视节目为不同层次、不同兴趣爱好、不同年龄段的受众提供各具特色的专门化节目，并要培养受众群的黏性，吸收更多的受众加入这个群体。为此，电视节目策划制作独具匠心不说，还要形成品牌效应，并不断创新求变，保持长久的魅力。

---

1 黄京华. 网络视频与电视：受众的分流和共享 [J]. 中国广播电视学刊，2012（4）.

从宏观角度来看，互联网电视能为所有受众提供多重的、多方面的信息；从微观角度来看，网络受众能从互联网电视系统中获取使自身满足的个性化服务。受众收视需求发展的日趋成熟，受众收视需求推动互联网电视节目内容不断充实、完善和细分，促进了受众收视需求从基本需求向着个性化需求和自我实现需求的方向分层发展。

四、提供最优的受众体验

互联网时代下，受众体验的提升成为整个电视业的最核心追求。在传统行业转型升级的过程中，通过互联网思维来给用户更好的体验，更方便快捷地改变生活方式，最高效地提升生活质量。

更进一步的是，互联网节目不仅需要突出各式各样的线上新体验，也应该积极促进推动线下活动的进行。通过线下的真实体验，让人们感受到虚拟世界带进现实的感觉。实现了虚拟世界的快感，线上和线下的共同体验进一步稳固受众群体，扩大受众的范围。例如优酷土豆做的百事"回家季"及卡夫"奥利奥扭开亲子一刻"等亲子活动，就是先通过拍客客户端进行海量的视频征集活动，然后通过配合手机端进行相应的广告投放来扩大活动的影响力，丰富线下活动，线上线下同发展。[1]

---

1 优酷土豆集团发布多屏战略．引领视频行业迈入多屏时代［J］.声屏世界·广告人，2013（8）.

第四节　大数据时代下的电视剧：《纸牌屋》

2013年，美国知名视频收费网站奈飞网（Netflix）推出了一部自制的政治题材电视连续剧《纸牌屋》。该剧一经上映便在美国本土引发强烈关注，其影响也迅速扩散至全球。《纸牌屋》是奈飞网首部原创自制电视连续剧，该剧讲述了一个极富控制欲望的美国国会议员与其同样热衷于政治的妻子在美国白宫经营权力的故事。主人公弗朗西斯长袖善舞，在剧中纵横捭阖、步步为营，通过种种手段最终爬上了总统宝座。该剧自第一季于2013年2月1日在奈飞网站上首播以来，迅速在世界范围内掀起了一阵收视热潮，并斩获了金球奖和电视行业中最有分量的艾美奖。2014年2月14日第二季上映的战绩更是再上一层楼。除了继续在全球粉丝圈内发酵外，《纸牌屋》甚至还赢得了高层领导的青睐。[1]

一、用"大数据"算出《纸牌屋》

《纸牌屋》之所以成为大数据时代具有里程碑意义的一部电视剧作品，是因为它拍什么、谁来拍、谁来演都是由数千万观众的收视统计决定的，

---

[1] 张钊，李亚飞．网络热播剧《纸牌屋》的制胜要素［J］．新闻世界，2015（7）．

这种"观众决定一切"的创作思路使《纸牌屋》一夜成名，成为人们津津乐道的首部"大数据"下"算"出来的电视剧。专业数据随即也成为全球影视行业的热词，不少中国视频网站也开始纷纷效仿《纸牌屋》模式，表示将以数据为依据，推出自制影视剧，并将其视作"数据革命"的代表。[1]

奈飞网通过数据分析准确地把握了用户的脉搏。相比传统收视率统计只抽取数千个样本户，"算"出《纸牌屋》的数据库却包含了3000万用户的收视选择、400万条评论、300万次主题搜索，是名副其实的"大数据"。这些数据源自奈飞网站数年来积累的数据资源。[2] 奈飞网发现其用户中有很多人仍在点播1991年BBC经典老片《纸牌屋》，这些观众大多喜欢大卫·芬奇，爱看奥斯卡得主凯文·史派西的电影，因此，奈飞网邀请大卫·芬奇当导演，凯文·史派西做主演翻拍了电视剧《纸牌屋》。

二、《纸牌屋》的成功要素

由奈飞网作为出品方和播放平台，《纸牌屋》从策划拍摄到播放推广，全程没有传统电视台的参与。用户的每一个选择和操作都会被迅速记录，组建成庞大的数据库，为奈飞网掌握用户的喜好提供宝贵的参考资料。该剧的内容质量和播出效果可与传统电视台的经典剧目相媲美，甚至赶超传统电视台的电视剧水准。[3]

1. 准确定位受众需求

奈飞网摒弃了传统电视剧的受众分析方法，传统的调查活动不仅获取的数据有限，也无法更好地细分受众偏好。奈飞网以拥有的超过3600万用户的观看资料，充分挖掘自身拥有的海量消费者信息，利用其庞大的数

---

[1] 用"大数据"算出的"纸牌屋"[N].文汇报，2013-5-17.
[2] 不要小看大数据对文化创意产业的颠覆[EB/OL].（2013-12-29）[2015-12-29]. http://blog.sina.com.
[3] 张钗，李亚飞.网络热播剧《纸牌屋》的制胜要素[J].新闻世界，2015（7）.

据库，全方位定位受众点播过程中的数据。对用户每天产生的搜索、评分、暂停、回放等观看行为以及收视调查数据进行计算，从而得到精准的受众需求。[1]

2. 适时巧妙推送广告

如何将广告镶嵌进故事情节并产生润物细无声的效果，是互联网和电视台针对影视产品进行植入式广告，获取广告收益时的共同追求。大数据颠覆了传统的植入式广告形式，使其不再像往常一样，去寻找与剧本的内容和目标受众相适应的广告主，而是由广告主自发对数据进行精确分析，再去找与产品用户相适应的影视产品。这样的植入方式迎合了受众喜好，更加精准直接。

《纸牌屋》的广告植入可以称得上是匠心独具，在剧中，苹果手机、戴尔电脑、IWC万国表的出现非但没有让观众反感，反而激发了观众对这些商品的兴趣和喜爱。

3. 调查分析受众反馈

过去，电视剧只有在播出完毕之后，通过一些调查活动、受众访问来收集观众的感受，并通过收视率和票房来呈现，这样的反馈信息滞后、不全面，且难以精确了解受众体验的内容。奈飞网根据大数据改变了传统收集反馈关键要素，比如，用户何时暂停会去上洗手间，哪个画面会重复播放，哪里会快进，通过记录这些观察受众喜好。[2]

可以说《纸牌屋》的成功，是利用大数据分析来让受众决定情节走向，让受众掌握了电视的话语权。总而言之，《纸牌屋》从前期的投资制作到后期的上线推广，步步为营，打破了传统的电视剧内容生产模式，得益于对大数据和互联网平台的应用，《纸牌屋》开创了以分析用户数据为前提、确

---

1 曾姗姗.浅谈美剧《纸牌屋》中的跨文化传播——以大数据为视角[J].今传媒（学术版），2014（12）.

2 王垚.浅谈美剧《纸牌屋》中的跨文化传播——以大数据为视角[J].经营管理者，2015(8).

定目标受众为重点、优化营销推广为手段的视频内容生产的新策略。[1]

三、大数据时代下的网剧发展

1. 资本导向与受众习惯之间

国内的视频付费市场并不成熟，目前，主要盈利模式还是广告投放，很难完全以用户为中心决定影视剧的"配置"，因此，视频网站的内容主要还是资本兴趣掌握着互联网内容的决定权。仅靠会员付费是不可能弥补网站制作电视的成本和维持视频网站自身正常运转的。况且中国受众习惯了"拿来主义"，习惯了"免费视频"，一旦让受众付费观看视频，不但没有扭转视频网站的尴尬局面，反而会失去一部分受众。因此，在我国，互联网视频还是一个看"资本"的时代，培养受众的付费习惯，才有可能实现由数据说了算的定制服务。

2. 大数据对消费者的安全风险

虽然大数据有广阔的应用前景，但由于数据存储在服务器端，由此带来的隐私泄露和数据安全问题也不容忽视。运用大数据的手段固然有助于提高受众需求的精准性，还能改善整体的视频网站运营环境，但大数据收集蕴含着潜在的风险。

首先，用户的个人隐私得不到保护，诸如性别、年龄、职业、地理位置、兴趣等都可以通过互联网流媒体轻松得到，在大数据采集过程中，对用户隐私造成侵犯的风险仍然存在。[2]

其次，互联网视频网站为了得到更多广告赞助和收益，利用受众的点击搜索资源，一方面定向推送相关广告给关联观众，或者根据观众群的定位"定制"广告，给受众造成困扰。另一方面为了得到投资方的认可，

---

[1] 李冰，郄婧琳．大数据、流媒体与视频内容生产新策略——美剧《纸牌屋》的启示［J］．出版广角，2015（3）．

[2] 单华．大数据营销带给我国网络自制剧的思考［J］．青年作者，2014（9）．

"虚拟收视率"等收视率造假带来的风波也不断出现。[1]

3. 网络自制剧环境

根据我国网络监管实情来看，并不能做到根据受众需求来制定电视内容。一方面网络监管不严格，对网民的引导和影响仍然有限，如果只以点击率为标准的话，可能导致节目走向庸俗、低俗，从现实情况来看，也的确出现大量视频内容为了赚取高点击率不惜无底线地恶搞。因此，在我国网络监管还不成熟的情况下，如果完全根据受众喜好来分析数据，制作电视节目也存在一定风险。

另一方面，互联网视频虽然发展迅猛，但仍处于发展初期阶段，还是无法与老牌电视台相提并论。因此，无论在电视内容资源还是电视制作资源上都相对匮乏，大数据时代下与传统媒体影视制作的业务交流仍待加强。《纸牌屋》虽然是一部网络自制剧，但在制作人员的选择上，不惜花重金网罗了好莱坞的知名导演大卫·芬奇以及奥斯卡影帝凯文·史派西等具有丰富影视制作经验的班底参与其中，能充分保障《纸牌屋》的制作水准。[2]

4. 好故事都能算出来吗

大数据能把优秀的导演、演员和班底装进去，却算不出优秀的故事。有人说："你能算出凯文·史派西、大卫·芬奇是影视圈呼风唤雨的人物，但是你还得有个优秀的故事把他们装进去，大数据能装进去人却算不出一个故事。"大数据分析模式是利用大数据记录，但并不能准确知道用户按下暂停键时的确切原因，所以能"算"出哪些因素组合在一起能跑赢收视率，却不能"算"出为什么能跑赢收视率，而不清楚消费需求的分析方法并不靠谱，依旧有些像一场"赌博"。[3]

《纸牌屋》一经推出，就取得了"叫好又叫座"的成绩，这得益于奈

---

[1] 不要小看大数据对文化创意产业的颠覆［EB/OL］.（2013-12-29）［2015-12-29］. http://blog.sina.com.

[2] 单华. 大数据营销带给我国网络自制剧的思考［J］. 青年作者，2014（9）.

[3] 邓圣耀. 流行剧邂逅大数据，新经济脱胎新媒体［N］. 南方日报，2014-2-19.

飞网采用大数据分析技术、实行自制剧战略和打通网络传播渠道等一系列变革性举措。对未来电视行业利用大数据分析受众喜好具有变革性的意义，但是同样在"内容为王"的时代，如何能通过大数据分析决定出什么样的故事吸引受众可能仍需考虑。[1]

---

[1] 张钗，李亚飞.网络热播剧《纸牌屋》的制胜要素［J］.新闻世界，2015（7）.

第五节　弹幕互动模式的兴起：哔哩哔哩

一、弹幕是什么

国内的弹幕起源于 AcFun 视频弹幕网，于 2008 年 3 月开发出了类似 NICONICO 动画一样带有弹幕功能的播放器。3 个月后，视频分享网站 Mikufans 成立，该网站以视频为主，保留了弹幕功能，舍弃了原 AcFun 视频弹幕网中的文章板块；2010 年 1 月 24 日，Mikufans 正式更名为哔哩哔哩（Bilibili），也就是现在大家耳熟能详的 B 站。A、B 站在过去的几年集中了很多兴趣点统一的优质内容，同时也诞生了很多被广泛传播的 UGC 作品。随着国内对网络视频的版权进行规范，A、B 站流量的不断增长，盗链的现象开始逐渐减少，而 A、B 站也开始像传统视频网站一样开始购买视频版权，逐步避免了法律风险，在竞争激烈的视频行业中站稳了脚跟。而弹幕作为其特色功能，一直被保留了下来。[1]

1. 弹幕给互联网电视带来改变

弹幕在互联网视频时代里重新构建社交地图，成为一种新的社交方式，网友通过弹幕评论吐槽，成为人与人之间的一种新的互动模式。通过

---

[1] 胡志.弹幕为什么火了？［EB/OL］.（2015-2-6）［2016-1-22］.http://mp.weixin.99.com/s?src=3tlmes tamp=147383526.

弹幕实时互动来交流感受，也是用户及时反馈的一种新的意见来源。然而用户吐槽需求已不局限于屏幕上，更是应用于移动多媒体设备各个终端，弹幕场景多样化成为受众更高的体验需求。

2. 视频弹幕的特征

弹幕最大的特点是可以实时出现，将用户的发言直接变成字幕，从左到右或者从右到左像子弹一样飞速穿越视频画面，方便大家边看边吐槽和评论，在观看视频的同时也能观看他人的评论。

弹幕由最初的动漫、游戏讨论发展到如今的电视剧、电影、综艺节目讨论，甚至各类原创视频都可以在弹幕网上看到，吐槽点从最初的内容评论已然转变为对人物长相、穿着、剧情、配音、场景布置等各个方面的吐槽，而随着弹幕视频的发展，不同类型视频的弹幕风格也应运而生。弹幕已成为用户在互联网上娱乐、分享、社交的一种新的生活方式。[1]

二、哔哩哔哩（Bilibili）与弹幕

1. 哔哩哔哩：小众化网络互动模式的兴起

我国在弹幕视频出现不久后也有了自己的弹幕视频网站，即国内最著名的两大弹幕网站 A 站（AcFun）和 B 站（bilibili 哔哩哔哩）。哔哩哔哩虽不是弹幕的鼻祖，但却开启了弹幕普及的大门。最初，哔哩哔哩上活跃的是一批二次元用户，用户通过悬于屏幕上方的实时评论功能进行交流与互动，很快形成了小众化的"圈子"，也催生了小众化互动模式的兴起。

2. 哔哩哔哩：受众是核心竞争力

动画资源的数量和质量是弹幕网站最初发展的核心竞争力，而资源多少直接决定了用户群的体量。弹幕网站的专题分类、话题热门和 TAG 标签的编辑也是一般弹幕网站的内容组织形式。哔哩哔哩的专题会专门设置一

---

[1] 王晓妍. 弹幕: UGC 藏巨大社交价值 [N]. 中国出版传媒商报，2014-10-31.

个关键词,把所有和关键词有关的视频都放在这个标签下。每个用户都可以提交创建自己的专题,与他人分享,共同建立专题,丰富其内容资源。而话题为网站的编辑根据热点讨论来设立热门话题,将编辑推荐的和热门话题相关的内容资源链接放入话题内。[1] 随着弹幕网站"up主"制作上传的视频逐渐增多,用户自生内容对弹幕网站的贡献日益增大。哔哩哔哩慢慢变成用户娱乐的集聚营,专门分为动画、音乐舞蹈、科学技术、娱乐、游戏、影视剧、动画番剧7个板块。用户自制视频主要集中在前5个板块中。[2]

哔哩哔哩凭借其强大的包容性和集聚性,分门别类整理视频资源,通过专题分类、话题热门和TAG标签来形成自己的运营模式聚集了一批忠实受众,凭借自身特性吸引更多用户的关注。

弹幕视频在受众互动过程中的特点主要是像子弹飞过的动态评论,提升了实时互动的时效性,评论内容更具有针对性、超越时间和空间的限制,互动性更强、情绪波动大,弹幕语言自成体系,弹幕的娱乐效果也是受众自己生成。而哔哩哔哩也根据其特性发展自身网站的弹幕效果,就表现形式来说,包括普通滚动字幕、顶端固定字幕、底端固定字幕和特殊效果字幕表现形式,如利用软件或不同的发送形式制作的特殊弹幕效果和高级弹幕软件制作的花样弹幕效果。[3]

三、弹幕带来了什么

1. 新乐趣:满足受众即时分享

弹幕的特性在于它的共时性,即一种"超越实际时间,虚拟的时间共享",就像一场现场演出,营造受众一起看直播的感受,颠覆了受众以往

---

1 陈松松,何天天.弹幕视频——小众网民互动新形式[J].新闻世界,2014(6).
2 陈一,曹圣琪,王彤.透视弹幕网站与弹幕族:一个青年亚文化的视角[J].青年探索,2013(6).
3 郭磊.我国弹幕视频网站的受众研究[D].昆明:云南大学,2015.

观看网页视频的使用习惯。弹幕视频不仅满足了身处各地、不同时间观看视频的人们社交的需求，也释放了他们的情感共鸣和压力宣泄。

弹幕视频的精髓，不仅仅是内容上的集体吐槽，更是在密密麻麻的吐槽评论中找到"组织"，找到共同围观的心理认同感。这些字幕评论常风趣搞笑，也有的颇有见地，但更多的是对某个槽点集体表达情绪和观点，让你面对自己的电脑时，仿佛坐在虚拟的大客厅里，与一群志同道合的朋友在一起观看电视，这种体验也是弹幕视频网站区别于普通视频网站所在。[1]

2. 新领域：开创年轻群体社交

弹幕主打年轻群体，受众群年龄分布较为集中，多数为18—30岁之间对日本动漫接触较为频繁的群体，相当一部分是学生族。他们接收新的信息较为迅速，并且熟悉互联网，对新鲜事物抱有较高的热情，会积极主动参与弹幕的发送，观看大量弹幕飞过屏幕时产生的满足感。[2] 在这种情况下，弹幕视频网站应运而生，可以自由地在观看影片的同时发表评论，互相交流看法，增加观看乐趣，而不必等到影片结束时再发表观点。[3] 年轻人通过观看视频寻找志同道合的小伙伴，认识新朋友，这也是开启互联网社交的新方式。

但是弹幕视频传播内容的社会认同度不高，弹幕网站的主要用户以"80后"和"90后"居多甚至"00后"等喜爱二次元文化的青年群体。他们虽然群体数量不少，但对其他大众网民来说，特别是中老年群体，弹幕视频上面飘过密密麻麻文字十分影响观看视频的效果，而且吐槽内容也五花八门，因此，弹幕视频被用户接受的范围也有一定局限性。

3. 新范式：全媒体传播

弹幕传播在发展过程中融合了传统的报纸、电视、广播、网络传播理念，可以为未来的全媒体传播提供一种工作方式，逐渐形成一种超越传统

---

[1] 陈松松，何天天.弹幕视频——小众网民互动新形式[J].新闻世界，2014（6）.
[2] 陈松松，何天天.弹幕视频——小众网民互动新形式[J].新闻世界，2014（6）.
[3] 王颖.对弹幕视频网站受众的主动性分析——以AcFan和Bilibili为例[J].新闻研究导刊，2015（1）.

互联网传播的工作范式。在各种媒介呈现出多功能一体化的发展趋势下，强调媒介融合意识的弹幕传播理念可能成为未来传播活动的一种行业自觉。[1]同时也给其他视频网站的受众互动提供了一种新的借鉴方式。

弹幕网站近年来发展迅速，点击量和用户数量大幅度增加，热门视频的弹幕数量十分可观。主流视频网站也尝试推出弹幕播放器，如土豆的"豆泡"，但弹幕效果相比之下逊色不少。主流视频网站拥有的视频数量和用户数量都要远远超过弹幕网站，但却并没有因此火暴，内容也有所差别，这说明弹幕的推广和普及还存在一定的局限性，弹幕语言还缺乏共通语境。[2]

4. 新挑战："盗版"与"净化"

网迷将网络称为自由的"天堂"，因为他们可以随心所欲地取用、处理、发布自己看到的消息，不在乎真假虚实，并且享受着"免费的午餐"。弹幕视频网的互动性有其自身的优势，但在自娱自乐中版权保护和网络舆论无法监管。由于很多视频来自外链，通过非正规方式盗链其他视频分享网站的视频，也都有可能涉及侵权。[3]

另外，如果说弹幕网站最大的特点是弹幕，那么不能接受弹幕网站的受众也极有可能是因为这一原因而选择屏蔽弹幕。漫天的弹幕飘过甚至覆盖了原本的视频画面，也是让很多受众无法忍受的一种情形。当观看视频时，随着"一大波弹幕来袭"，突然出现"前方高能""吓死宝宝了"等，观看中关键时刻被弹幕遮挡，很多观众会有一种收视受到严重干扰的负面感受。[4]

目前，弹幕网站并没有成为主流视频分享网站，但却拥有极高的热度与关注度。爱它的人热衷于在弹幕网站收看视频，但不接受的群体也大有人在。未来随着网民更加渴望人际交流，与人分享，或许弹幕网站会逐渐走进更多受众的视野。

---

1 张聪, 常昕, 常颖. 浅析"弹幕"对大众传播模式的革新与影响[J]. 东南传播, 2014（12）.
2 张聪, 常昕, 常颖. 浅析"弹幕"对大众传播模式的革新与影响[J]. 东南传播, 2014（12）.
3 徐增展. 弹幕网站发展策略探析[J]. 视听, 2015（1）.
4 徐增展. 弹幕网站发展策略探析[J]. 视听, 2015（1）.

第六节 受众视角融合开发新体验：
《女神的新衣》

视频电商，是当下热门的一种"互联网+电视"的新兴模式。作为一种集娱乐、休闲、购物于一体的购物模式，它让人们对商品产生"身临其境"的购物体验，比如电影中某角色的衣装搭配，影视角色首先充当了消费者的模特，通过角色在电影中的一系列表演，对衣装进行了全方位的效果展示。[1]

传统视频广告是商品信息的直接输出，用户只能被迫接收广告信息，在浏览商品信息时只能被动观看，无法获得商品实质性的感官，缺乏交互性，不方便获取更多商品信息。而视频电商更像一个双向互动的过程，如在观看影视剧时出现商品信息，观众可以在电视剧的场景中获得一定的商品信息后，通过链接进入详细页面，获得更多、更详细的信息，权衡决定是否购买。[2]

而相比之下，当影视角色穿搭商品并出现在不同的社交场合时，给消

---

[1] 黄井洋.视频购物，能否创造可观的"钱"景？[EB/OL].（2013-1-16）[2015-12-29]. http://blog.sina.com.
[2] 盘点：视频+电商那些可能与不可能[EB/OL].（2014-12-12）[2015-12-29]. http://www.hi138.com.

费者提供了不同场合下穿衣搭配的示范，无疑起到了强烈的明星引导作用，这是传统视频广告及其他购物方式所无法实现的展示效果。[1]《女神的新衣》就是把电视剧转换成了娱乐真人秀类节目，最大限度打造视频电商的实际场景运用。

由东方卫视、广东蓝色火焰文化传媒有限公司打造的《女神的新衣》，由"24小时制衣+T台秀+竞拍"等环节组成，节目的主旨是每期几位女神级的明星围绕一个主题进行时装设计，争夺几大买主的订单，然后大批量生产，通过网络进行销售。《女神的新衣》通过电视播出平台和互联网线上售卖，实现了传统电视和互联网很好的融合，电视和互联网融合时代已经到来，所谓电商购物视频化的时代已经悄然降临。

一、边看边买满足受众购物需求

《女神的新衣》实现了电商购物视频化，即电视与互联网融合发展的新高度。通过电视平台和网络平台同步播出，受众如果心动，想得到明星同款服装，即可拿起手机"摇一摇"，不仅可以为明星选手的设计投了支持票，更可以为自己买到明星同款，改变了以往只能艳羡明星的华丽服装却无法获得的状况。在这一风潮下，各类旅游、购物类电视节目都可以通过"摇一摇""扫一扫"直接下单购买，实现"边看边买"的新模式——OVO模式，即互动视频购物模式，主要以互联网的视频内容服务为主的购物方式，通过技术手段在视频中嵌入电商元素，用户在观看视频时，可以随时购买视频场景中的物品。强调的是在观看视频的过程中可以即时点击各种链接、标签，进行购买。[2]

"边看边买"就是通过受众观看电视，使受众和电视上的明星产生互

---

1 陈婧．"一点就买"的可购物视频[J]．IT经理世界，2014（5）．
2 盘点：视频+电商那些可能与不可能[EB/OL]．（2014-12-29）[2015-12-29]．http:// www.hi138.com.

动的感觉，仿佛自己是在边看电视边逛街。这种模式就是按照电视和受众之间构建的场景，让消费者在观看电视剧、电影等网络视频时，通过数据的打通和技术的实现，使观众实现随时购买或收藏。[1]

二、既能看得见，也能"购"得着

《女神的新衣》一改原来电视购物被观众和网友吐槽的"只要998"模式，大胆挑战了一种"高大上"的电视购物新形式。它虽是一档明星真人秀类节目，但又结合互联网创造了新的购物商机。在此之前，无论是视频电商还是电视电商，抑或是电视购物，都可以称为看得见，"购"不着的状态。视频电商与电视电商的"购"不着主要是因为交互体验较差，观众往往只是看到主持人在做类似"王婆卖瓜"的忽悠，却不敢轻易购买。

而《女神的新衣》首先是一档明星真人秀类节目，看似节目的目的并不在于观众去收藏购买其设计的衣服，而在于吸引观众的眼球，华丽的衣服配上靓丽的明星，十分养眼。但实际上，节目内核是触发观众的购买行为，通过电视节目里模拟走秀场景，让观众看到了衣服的设计感、材质等，加上明星们美好的呈现，往往勾起观众也想拥有同款服装的欲望。《女神的新衣》通过这种电商+综艺的新模式，让人们看到传统电视和互联网携手走向未来的美好前景。

三、打破电视局限，实现渠道与内容互联

《女神的新衣》无论是在东方卫视播出还是在优酷上点击播放，都是通过播放渠道让观众看到节目，让观众看到节目效果才能刺激观众的购买欲望。节目本身的时尚、华丽等元素的内容就决定了这档娱乐真人秀类节

---

[1] 刘晓凯."边看边买"：视频＋电商促成视频营销新模式［N/OL］.中国产经新闻报，2014-12-2.http://www.cien.com.cn/html1/report/1412/327-1.htm.

目具备了强大的电商消费潜力。《女神的新衣》里面出现的所有服装都会在天猫销售，并且还有同款和同系列不同样式，选择种类丰富，节目内容本身就是生产和售卖的电商消费行为。所以，从一开始节目就确保了电视节目播出的渠道和内容以及与之相匹配的节目衍生品的销售渠道，这才是《女神的新衣》节目的定位核心，也是电视电商和视频电商所追求的融合发展目标。[1]

虽然《女神的新衣》最终产生的消费量并没达到预期效果，大部分产品的销量平平，与真正意义上的电视电商还有非常大的差距，节目中的"边看边买"与电视电商还存在脱节，在电视端和PC端暂时都还无法实现，实际上还是一档可以在天猫销售产品的真人秀时装节目。[2] 但节目开创了站在受众视角来融合传统电视平台和互联网电商平台的新体验，仍不失为一种有价值的探索。

1　王利阳.视频电商让你看得见"购"不着[J].IT时代周刊，2014（11）.
2　祁钰.《女神的新衣》为什么这么火？[J/OL].天下网商·经理人，2014（10）.http://www.sj998.com.

第七章

"互联网+"时代的电视终端

本章以"多屏时代"概括了互联网时代的电视终端和硬件,讨论了多种不同形态的屏幕的特征以及"一云多屏""多屏联动""视屏合一"等给电视收看带来的深刻影响,并以典型案例分析了未来多屏时代,互联网电视企业如何重构电视生态圈。

随着互联网的飞速发展，曾经遥不可及的想象在今天都变成了现实，30年前全家人围坐在一台小小的黑白电视机前收看引进电视剧的岁月一去不复返。信息传播的方式、渠道、内容和速度前所未有，用户的媒体消费行为变化之大远超我们的想象。从智能电视、PC终端、平板、手机到地铁、公交、楼宇电视，多种多样的屏幕终端让电视变得无处不在、无时不在，一天之中电视节目（视频节目）以最长时间、各种地点、各种终端的形式陪伴在人们身边。多屏时代的到来，给了人们多姿多彩的选择和更加精彩的体验，同时也是互联网与电视行业融合发展的新机遇与新挑战。

第一节　新生活：从单屏走向多屏

一、客厅争夺战

20世纪20年代电视机的出现，使得大众的生活中从此多了一种丰富多彩的娱乐方式。近一百年来，电视的发展从黑白到彩色，从模拟到数字，从显像管到液晶屏，从"小盒子"到"大屏幕"，从奢侈品变为"飞入寻常百姓家"，种种变迁无不映射出这个时代科学技术的进步与社会经济的发展。

在过去的几十年，电视一直是客厅的绝对主角，也是人们日常生活重要的"坐标"，它不仅带来了家庭空间的格局定位，也形成了日常生活的时间安排。传统电视台的节目播放时间和观看方式都是相对固定的，人们只能在固定的时间去观看节目，不能暂停和快放，同一个时间只能观看一个频道的一个节目。随着 IPTV、OTT TV 互联网电视盒子、智能电视等的出现，人们开始可以点播自己喜欢的节目，回放错过的精彩内容，节目内容能够海量储存，人们对节目的选择也变得极大丰富。除此之外，参与客厅争夺战的还有 PC 端、智能手机端、平板电脑客户端，从曾经的单屏到多屏的争夺已经拉开了序幕。

手机原本只是一种通信工具，但随着智能手机和 Wi-Fi、4G 网络的普及，手机的屏幕越做越大，又具有比任何终端设备都便携的优势，使得现在选择使用智能大屏手机上网观看电影、电视节目的人越来越多。

而平板电脑（Portable Android Device，简称 PAD）指的是一种小型、方便携带的个人电脑，以触摸屏作为基本的输入设备。它拥有的触摸屏允许用户通过手指、触控笔或数字笔来进行作业而不是传统的键盘或鼠标。用户可以通过内建的手写识别、屏幕上的软键盘、语音识别或者一个真正的键盘实现输入。

智能电视同样也参与了客厅的争夺，它与传统的电视机不同的是，具有全开放式平台，搭载了操作系统，用户在选择并观看电视内容的同时，可自行安装和卸载各类应用软件，持续对功能进行扩充和升级的新电视产品，为用户提供了有别于有线数字电视接收机（机顶盒）的、丰富的个性化体验。目前在国家相关规定限制下，智能电视和互联网电视盒子不能提供电视台同步直播的电视节目。

根据 2015 年尼尔森的《多屏之争》报告显示，许多国家和地区的消费者每天在电视、电脑、手机等平台上花费的时间平均都超过了 100 分钟（如图 7-1 所示）。在中国，人们每天在智能手机上（170 分钟）和电脑（161 分钟）上的时间已经远超他们观看电视的时长（89 分钟）。[1]

图 7-1　不同国家在不同平台每日上网花费的时间（分钟）

可以看到，和其他发达国家相比，我国的民众花在传统电视上的时间偏少，而花在电脑、手机和平板电脑上的时间要远远高于其他国家。该报告还显示，为了消磨时光，50% 和 58% 的用户会分别选择电脑和智能手机来观看视频。

二、电视无处不在

人们的注意力由双屏（电视、电脑）到三屏（电视、电脑、平板电脑）、四屏（电视、电脑、平板电脑、手机），再到户外电子屏幕也被纳入了视线。[2] 从纽约时代广场为代表的建筑楼宇的户外大屏，到电梯、茶水间的多媒体小屏，随处可见的移动数字多媒体，不断填补着我们在移动过

1　尼尔森：谁看到了我的广告［EB/OL］.（2015-5-8）［2015-12-22］. http://www.cnad.com/html/Article/2015/0508/20150508100303203.shtml.
2　李九泽. 多屏时代电视与网络视频的竞合之路［J］. 西部广播电视，2015（13）.

程中的空白时间和公共空间。电视对地点的固定性要求不再那么强了，除了客厅外，我们几乎可以在所有的公共场所看到电视屏幕，并且随时用手机和平板电脑收看节目。

"消费者的一天，已经不见得是 24 小时，而可能有 48 小时"，消费者的一天可能同时使用多个屏幕，这种组合可能是电脑和手机，也可能是电视、平板电脑和手机。[1] 多屏 App 视频软件应运而生，互联网产品的更新换代也推动了多屏时代的受众产品体验的革新，不仅在海量的视频内容上满足用户需求，更是在多样化的产品体验中给用户提供好的服务。[2] 视频媒体和社交媒体进一步演化，使消费者形成"一心多用"的行为习惯，更是给受众带来电视产品改革换代的新体验。

---

1 视屏合一［EB/OL］.（2013-7-4）［2015-12-22］.http://tech.hexun.com.
2 周勇."多屏互动"实现方式攻略［N］.南方日报，2013-8-1.

第二节　新体验：多屏时代的特征

在今天的环境中，消费者不再固守一个屏幕去获取他们所需要的内容，多屏生态，跨媒介的传播环境已然形成。[1]同时，云同步的技术打通了不同屏幕之间的界限，方便了用户在不同环境、不同时间和空间中可以任意选择不同多媒体终端观看视频。不同屏幕、不同终端都可以为用户提供更流畅、高清以及更为个性化的视频体验，加上互联网电视受众的日趋年轻化，视频网站的综合实力正在从 PC 领域向 App 等视频软件的移动领域转变，由单一屏幕向多块屏幕组合发力，从单平台到多屏台。

由于不同的终端大小不同，承载的技术不同，用户体验和需求也不尽相同。例如，电视虽然比较偏向单向传播，但在传递信息上仍扮演着重要角色，它屏幕较大、画面高清、操作方便，仍然是很多人下班回家之后伴随性观看的首选。而手机屏幕虽小，但由于具有随时随地移动的便捷性，跟各类其他终端配合度较高，也因此在与其他终端的搭配上最占优势。[2]

---

[1] 李逸群.三网融合时代：多屏融合激发视频网站的跨屏联动营销[J].新西部，2014（20）.
[2] 张晏佳.多屏整合，挖掘碎片化时代下的营销价值[N].中国广告，2013-11-15.

一、多屏联动

在今天，这样的场景也许你并不陌生：当你在家里用电脑看热播电视剧时，发现出门的时间到了，可是电视剧还没看完，你拿出手机，找到剧集缓存下载到手机中便出门，上了交通工具以后，你拿出手机继续津津有味地观看刚才没看完的剧集。

多屏联动，指的就是这样一种基于互联网技术的多屏连接，如 PC 机与移动设备的双屏互动，在每个屏幕之间可以随意转换，观看同样的内容，储存同样的记录，不会因为设备的改变而影响，观看的时间和记录共同享有。数字媒体与传统媒体有效结合的多屏联动，如手机二维码在户外广告、杂志等的展示应用，通过"扫一扫"的方式，就可以迅速从平面媒体转换到手机移动客户端。[1]

多屏联动对用户的使用习惯产生了深刻的影响，用户观看电视的时间、地点、内容都呈现出巨大的变化。在时间上，用户观看视频节目的高峰时段，从传统 PC 时代集中在晚间扩充至全天；在地点上，用户习惯在不同空间使用不同屏幕观看视频，在晚间时更呈现多屏同时观看的联动行为；[2] 视频的观看场景也从 PC 时代集中在办公室、家里扩充至室外、交通工具、休闲场所等多个空间；使用的设备则遍及 PC、平板、手机和智能电视；在内容上，用户在不同屏幕产生了不同的需求和习惯，屏幕分工更加细化。[3]

谷歌也推出了多屏同步游戏 Super Sync Sports "超同步运动"，通过 WebSockets 功能，让手机端与 PC 网页端代码匹配并绑定，手机端将变为

---

1 袁珏明. 多屏时代，如何做好营销这盘"菜"？[EB/OL].(2014-4-29)[2015-12-22]. http://www.meihua.info/a/37381.
2 麻震敏，李欣. 视屏合一：优酷土豆多屏营销战略升级[J]. 成功营销，2013（7）.
3 投资独行客. 多屏互动时代来临[J]. 成功营销，2013（7）.

手柄。之后就可以通过操作手机端界面来选择人物形象、控制网页端的人物进行相应的动作。通过手机端触摸，网页端会做出相应回馈，而且最多可以支持4人同屏对战互动。[1]

多屏时代使用户的碎片时间得到了充分利用，观看时长得到极大的延长，同时UGC内容的上传和分享也变得更加便捷和普及。

二、云技术：一个账号万变多屏

目前，各类视频软件App都具备断点功能，最常见的方式就是"继续看"，用户通过注册并登录客户端，就可以通过云记录功能，即时同步保存自己的观看记录，实现跨多平台、多终端的断点继续观看。云记录技术的个人中心在"继续观看"的功能之外，还会增加更人性化的推荐、追剧提醒功能，推送用户可能感兴趣的视频，提醒用户之前观看过的每个视频的更新情况等，这也是电视预告在互联网电视领域一种新的实现形式。

从"一云多屏"到"多屏互动"的转变，只是电视全媒体覆盖融合发展的第一步，目前已初步构建起"一云多屏"的新型传播体系，把电视内容搬到互联网上，开发相关App用微博、微信等新媒体手段来推广宣传。[2] "一云多屏"同时可以为受众定制个性化服务，因为传播是云计算环境下人们传递和分享信息的方式，在云传播模式下，每个人都可以轻松拥有一台由计算机网络级联而成的无边无际的"计算机"网络圈。云技术传播作为一种新型的传播方式，拥有网络传播的基本特征的移动性、位置性、泛在性、实时性和大数据性等。[3] 另外，"云服务"还会根据用户的身份信息和最新动态主动嗅探、感知用户的当前需求情境，进行服务资源的发现、

1　多屏互动——手机端与PC端网页互动的现有尝试及设想［EB/OL］.（2014-4-23）［2015-12-22］. http://www.digitaling.com/articles/10877.html.
2　汪文斌. 从"一云多屏"到"多屏互动"［J］. 中国广播，2015（1）.
3　郭红庆. 自媒体化网络广播电台"云传播"机制研究［D］. 重庆：西南大学，2014.

匹配与推介，最终完成一对一式"适位化"信息传播效果，从而有效提高媒体资源的利用率。[1]

云技术将用户个体从"孤岛"独立和生态中解放出来，实现不同应用之间的数据同步调用，为视频用户提供个性化精准的视频观赏方案。比如视频储存、喜好推荐、相关资源等，三者可能是不同第三方公司开发的硬件入口或App，但同样调用百度云即能实现跨应用的串联，数据可以同步协作。当对云端尤其是移动云端模式的深度探索和完善后，爆发潜能的百度正一步步逼近智能。[2]

三、视频穿越：跨屏新玩法

在不同的操作系统（iOS、Android、Windows7、Windows XP等）以及不同的终端设备（智能手机、平板、电脑、TV）之间可以相互兼容跨越操作，通过互联网网络连接的方式实现数字多媒体（高清视频、音频、图片）内容的传输，可以同步不同屏幕的显示内容，可以通过智能终端实现控制设备等一系列操作。[3]

例如率先实现跨屏操作的PPTV聚力，受众只要在安卓客户端接入同一局域网络，就可以轻松使用Android系统手机移动设备与安装了PPTV聚力客户端的电脑及支持DLNA的大屏幕设备自由播放及切换，使得PPTV聚力成为视频领域发展多屏互动技术的先驱。[4] PPTV聚力客户端全方位一体化的多屏互动技术将互联网视频服务引向了新领域，达到资源、受众、

---

[1] 张红玲.多屏时代的受众重构与传播形态研究［J］.新闻爱好者，2014（4）.
[2] 王小琉.未来"云"逻辑：淡化网盘、多屏互动［EB/OL］.（2014-11-20）［2015-12-23］.http://www.sootoo.com/content/531786.shtml.
[3] 源创世纪.多屏互动技术：智能手机、智能平板、电脑、TV相互兼容跨越操作［EB/OL］.（2013-10-26）［2015-12-24］.http://www.cnjuco.com/about/inews/2013/1026/728.html.
[4] 中国数字视听网.多屏时代的受众重构与传播形态研究［EB/OL］.（2014-4-24）［2015-12-27］.http://www.itavcn.com/news/201404/20140424/47460.shtml.

平台的多项聚合。

四、视屏合一

移动互联网使越来越多的人习惯通过手机、上网本、电子书或者平板电脑等终端上网获取信息，一个明显的趋势是，各个终端的功能边界日益趋于模糊。移动电子终端的功能越来越强，操作越来越方便，使得更多的媒介消费者习惯畅游于各个屏幕之中，享受"多屏合一"带来的便捷体验。

同时，"扫一扫""听一听"等技术的出现使用户在 PC 观看视频时，点击播放器下方"用手机看"按钮，同时打开相应的 App 客户端的"扫一扫"功能扫描 PC 端播放器下方的二维码，App 客户端即可从点击"用手机看"当前的视频节点继续观看同一视频，实现无缝跨屏对接。[1]

未来，多屏融合、视屏合一已成为必然趋势，电视、PC、平板电脑、手机等多屏互联，完美实现高清视频、音频、图片、文字等数字多媒体内容的互动操控、内容分享和功能融合，受众也可以尽情享受多媒体娱乐分享及互动带来的乐趣。

当然，在融合的背后，一方面是消费者行为的变化和消费市场需求的推动；另一方面也涉及宏观层面的网络环境建设与产业融合的推动，在时间和空间上会是一个比较漫长的过程。[2] 在移动端、电脑端上，电视行业的竞争力仍显不足，主要原因是传统电视媒体资源并未真正向新媒体终端转移，仍然围绕着传统的电视受众生产内容。对于广电行业来说，电视屏幕的互联网化任重道远。

---

1 麻震敏，李欣．视屏合一：优酷土豆多屏营销战略升级［J］．成功营销，2013（7）．
2 亦不凡．奔着"跨屏"而来［N］．经济日报，2013-7-10．

五、鼠标土豆

在英语中，有一个词描述了电视对人们生活方式的影响，那就是"沙发土豆"（Couch Potato），它指的是那些拿着遥控器，蜷坐在沙发上，一动不动观看电视的人。随着网民数量的急剧增加，有人在这个词的基础上发展出了"鼠标土豆"（Mouse Potato）一词。它指的是长时间沉迷于电脑网络一族，尤其以年轻群体为主，他们的工作、娱乐都离不开电脑屏幕，从早到晚手握鼠标，盯着屏幕，成了与沙发土豆性质类似的"电脑狂人"。

随着互联网时代的电视进化，"鼠标土豆"回到了电视屏，却跨过了电视台。多屏时代，这些互联网电视的受众们依然拥有沙发土豆的放松与娱乐感。"鼠标土豆"有着娱乐与社交的双重需求，喜好"多屏"与"跨界"的传播方式。对他们来说，看电视已不是"一屏互动"，而是"多屏联动"。[1] 尤其是智能电视逐渐普及，使电视这一最普及的大屏幕显示终端不断革新自己的生命力，与互联网对接之后，演变成为新型互联网信息终端，顺应了电脑屏、电视屏、手机屏与平板电脑屏幕"四屏合一"的大趋势。[2] 智能电视虽不及智能手机、平板电脑等便携，但其已经开始重新定义家庭电视。用户不用被动地接受电视节目，而是可以主动操作平台，成为生活中可选的一部分。

今天，人们可以通过一根短短的视频线或无线连接，在客厅的大电视屏幕上播放自己喜欢的网络视频，或直接打开智能电视自由选择喜爱的节目随时随地观看。[3] 这一切使得很多人重新回到客厅，回到沙发，进入"互联网+电视"的新体验之中。

---

1 栾轶玫.与"鼠标土豆"共舞——多屏时代传统广电新思维[J].视听界，2013（6）.
2 李逸群.三网融合时代：多屏融合激发视频网站的跨屏联动营销[J].新西部，2014（20）.
3 栾轶玫.与"鼠标土豆"共舞——多屏时代传统广电新思维[J].视听界，2013（6）.

第三节　新挑战：多屏营销

一、多屏营销时代的到来

多终端为营销提供了便捷的条件，不同屏幕之间可以实现不同传播方式的无缝链接，在 PC、手机、平板和互联网电视之间的任意转换，为品牌进行定向、互动营销提供了更多的可能。例如，电视上播放某品牌广告，消费者可以使用手机马上参与互动、下载优惠券、浏览商品信息等，把品牌推广展示转化为更多实际的消费行动。在品牌传播的内容层面，将电视、PC、手机等移动终端及户外媒体结合起来，可以形成更广大的跨屏循环。[1]

多屏之间的整合绝非简单地将新的营销设备累加应用，它的最终目的是打动多屏背后隐藏着的消费者。首先，我们可以通过不同的媒介，寻找消费者的踪迹，追踪他们的日常生活方式，通过观察了解消费者的行为特性，即通过数据流量进行深度分析。其次，反过来我们也可以通过多屏方式，在不同的媒介上全天候地迎合消费者的行为习惯，将信息更加精确地

---
[1] 麻震敏，李欣. 视屏合一：优酷土豆多屏营销战略升级［J］. 成功营销，2013（7）.

传递给目标消费者。[1]

在内容营销层面，依托平台内容资源，将广告品牌需求与内容主题完美融合，实现强势与深度推广；针对热门的电视剧和话题综艺节目进行"热点资源，多屏追投"，实现传统电视台与互联网的同步投放。例如，"午后奶茶"同时在网络、平板电脑和手机客户端对《中国最强音》进行跨屏投放；蒙牛不仅冠名网络综艺《优酷最娱乐》等，同时也对电视台节目《十二道锋味》进行总冠名，许多品牌也都选择了多屏投放的方式进行品牌推广。跨屏广告投放全面提升了其广告认知度、品牌喜好度和购买意向。

在活动营销层面，基于用户洞察，配合多样化互动功能与工具，实现用户跨屏全互动，为品牌更好地与消费者进行线上线下互动提供了便利，扩大活动的影响力。多个屏幕对用户不同场景和碎片时间进行全覆盖，尤其是智能手机的普及，使得用户实时观看、上传和分享视频越来越简单方便。同时，通过人群覆盖的延伸扩大了品牌传播的规模；时间覆盖的延伸为品牌创造了更多与消费者接触的机会；传播的延伸则让品牌信息更为方便和快捷地被传递。对于广告主来说，多屏营销势在必行，视频营销也将由此进入一个全新的阶段。[2]

多屏时代带来了视频营销的变革升级。随着多屏融合的不断推进，互联网视频的各个参与方也逐渐划分角色：平台运营商、服务提供商、技术提供商等，而多变复杂的客户则是营销时代的核心关键。在多媒体移动终端智能化、网络宽带快速化、视频内容多元化以及受众精神需求个性化的驱动下，移动互联网呈高速发展态势，不仅要考虑移动终端带给受众的优质服务，更要考虑到消费者的需求和接受程度，注重传播方式的创新和大众化，满足消费者娱乐性、互动性和信息获取需求的同时，也能直接快速、有效地传递给目标消费者。

---

1 袁珏明.多屏时代，如何做好营销这盘"菜"？［EB/OL］.（2014-4-29）［2015-12-26］. http://www.meihua.info/a/37381.
2 麻震敏，李欣.视屏合一：优酷土豆多屏营销战略升级［J］.成功营销，2013（7）.

二、多屏营销的定位与策略

相比传统电视平台和互联网领域，移动端的平板电脑用户更可能是高端产品、奢侈品、汽车等用品的主要消费者；而智能手机的用户更倾向于追逐时尚的年轻人，他们是新潮产品、高科技产品的消费者集中群体；电脑则是更倾向于日常用品和快速消费品用户较集中的平台和工作白领。[1]

今天的精明观众对模板化的广告已经失去兴趣，个性化、创新性的广告才能吸引他们的注意力。尽管电视广告投放会因为不同的时间点、不同的节目、不同的受众定位来进行细化处理，但在针对性上还是相对较粗放，与互联网广告电视的精准投放没有可比性。

互联网电视最强大的功能在于不仅可以在自己的平台播出，更是绑定了微博等社交平台，而且通过移动多媒体、户外大屏等媒体播出，比以往的传统电视播出更具传播效果，拓宽了电视传播的途径和渠道。[2]

每个受众都有自己接收信息的方式和对待媒体的意见，不同于以往传统媒体时代，互联网时代下的信息传播从家庭传播环境不断扩展，延伸至地铁、楼宇、网络、平板电脑、手机等各种终端，更多的屏幕形态进入我们的日常生活中，受众的喜好也更趋于多元化。因此，多屏营销过程要从产品的开发、广告的宣传和媒体使用出发，以受众为中心，找到与受众契合的愉悦点和沟通方式，寻求共鸣，才能够最好地被受众买单。

---

1 PPTV 聚力联合 AdMaster 发布国内首个《跨屏广告形式效果研究报告》[EB/OL].（2013-11-7）[2016-1-25].http://www.cww.net.cn/news/html/2013//11//20131111151062270_2.htm.

2 麻震敏，李欣.视屏合一：优酷土豆多屏营销战略升级[J].成功营销，2013（7）.

第八章

理解未来电视

本章尝试探讨在互联网"重新定义电视"的时代，未来电视发展的无限可能性。其中包含着重塑电视行业生态，革新电视创作理念，也包含着科技革命可能给电视硬件带来的各种新体验与新感受。同时，提出未来的"互联网＋电视"领域发展趋势，是构建起新的平衡，从博弈走向共赢，而非对所谓"失败者"的驱逐和碾压，最终实现全行业的共同发展。

今天，无论是传统的电视产业还是新兴的互联网电视产业，都经历着一次又一次巨大的变革与演化。然而在这一转型过程中，问题也随之而来，如无休无止地重复"从1到N"的叠加，[1]复制电视节目模式、节目内容，复制大同小异的终端设备，从各种名目的电视盒子到各种概念的智能电视层出不穷，以同质化竞争抢占收视率和硬件产品的市场占有率。从长远来说，这种简单复制或单一竞争或将导致整个行业发展的畸形和活力缺失。而重新塑造电视行业新生态，革新电视创作理念，以科技的创新实现"从0到1"的进化，才能使未来的"互联网+电视"领域构建起新的平衡，不同类型的企业间从博弈走向共赢，而不是对所谓"失败者"的驱逐和碾压。最终，实现全行业的共同发展——这或许是所有电视从业者为之共同努力的方向。

---

1 参见［美］彼得·蒂尔，布莱克·马斯特斯.从0到1：开启商业与未来的秘密［M］.北京：中信出版社，2015. 作者认为，进步有两种基本形态：第一是水平进步，指照搬已取得成就的经验，不断从1复制到N；第二是垂直进步，也称深入进步，指的是探索新的道路，即"从0到1"的进步。传统竞争一般是"从1到N"的竞争，包括拼渠道、拼广告、拼资源。互联网的竞争则要学会从0到1的竞争，要拼用户、拼创新、拼产品。

第一节　重塑电视行业生态

一、市场主体

市场主体是指在市场上从事经济活动，享有权利和承担义务的个人与组织体。[1]一个产业的规模和实力取决于有多少强大的有竞争力的市场主体。在当前产业融合发展的背景下，培育健康的市场主体是互联网时代电视产业发展的突破口。

有报道分析指出，"视频网站生死期将至，规模为王道，行业排名第五之后的视频网站将逐渐被淘汰。"[2]"一个成熟的市场应该是大中小型公司都有自己的生存空间，同时，通过创新发展，优质的公司可以通过创新获得更多利润，并迅速成长。而那些创新乏力的公司也应该依据市场逻辑而退出市场。企业的生死应该是依据公司的竞争能力，而不是单纯的规模，尽管规模确实非常重要，但不应该成为决定性指标。"[3]

要想更好地发展壮大"互联网＋电视"行业，就必须更好地培育新时

---

[1] 王国华. 完善文化产业市场主体的方法和路径[J]. 思想战线，2010（3）.
[2] 未来行业排名第五之后的视频网站生存将堪忧[EB/OL].（2014-10-27）[2015-12-22]. http://www.aliyun.com/zixun/content/2_6_63083.html.
[3] 赵高辉. 宏观利好与微观挑战——网络视听产业的现状分析[J]. 声频世界，2012（6）.

代企业，在行业发展上注重科学的并购模式，防止行业垄断性过高，这一点在互联网视频网站的竞争格局体现得尤为明显。2012年3月优酷和土豆宣布合并，2013年5月PPS被百度收购，酷6网于2014年4月被ispeak收购、56网于2014年10月被搜狐视频并购……伴随着竞争的激烈，视频行业逐渐分化成了以优酷土豆、爱奇艺、腾讯视频为首的一线阵营，资本力量不足的56网、酷6、PPS等与一线阵营的差距逐渐拉大，或渐渐没落或被兼并收购。如今的视频行业仍然还活跃在购买版权内容、自制一线的基本只剩下了优酷土豆、爱奇艺、腾讯视频、搜狐视频和乐视网。[1] 随着2015年阿里巴巴以46.7亿美元现金收购土豆优酷剩余81.7%的股份，互联网视频行业开始逐步呈现出几家航母级视频网站"分割天下"之势。行业格局变得更加明晰。

但是，以优酷土豆为例，合并后的这个巨无霸航母，2013年净亏损大幅增加到9590万美元，2014年这一亏损扩大到1.4亿美元，2015年三季报显示前9个月亏损2.04亿美元。[2] 市场占有率的提高，并没有实现网站的有效盈利，反而由于优酷和土豆的过于同质化以及并购后庞大的人员、资源管理、定位模糊，使得优酷土豆的发展多少显得有些步履维艰。互联网视频行业逐渐也如同其他行业一样，新兴企业似乎很难有生存空间，而逐渐沦为各个"大佬级玩家"之间资本竞争的角逐之地。

此外，不同于其他传统行业，"互联网+电视"领域在行业准入方面有着较高的门槛。不论是互联网视频网站、电视制作主体，还是相关的硬件制造、软件开发，都需要较大的人力、智力、财力的投入，这给整个行业的扩容和更新换代带来了一定的难度。

"挥金如土"是目前互联网时代电视产业的重要特征，对视频网站来

---

1 中国网络视听产业论坛.BAT布局视频网站，行业未来谁主沉浮［EB/OL］.（2016-3-11）［2016-5-22］. http://toutiao.com/a6259122777308840193/.

2 中国网络视听产业论坛.BAT布局视频网站，行业未来谁主沉浮［EB/OL］.（2016-3-11）［2016-5-22］. http://toutiao.com/a6259122777308840193/.

说，不仅高价购入优质版权的投入巨大，而且带宽等租赁费用也极其高昂，很多初创型的互联网视频企业都无法承受这样的资本压力。以现在已成为巨无霸互联网视频网站的优酷网为例，它在初创时期一直处于巨幅亏损的状态，初始两年在整体的运作上投入了超过 4 亿元人民币，这之中的都消耗在网站的带宽租赁运营成本之上。此外，各家视频网站本质上提供的是同质化内容，绝大多数用户（除部分付费用户外）转换成本基本为零，用户忠诚度低。有消息称，2015 年爱奇艺自制内容投入高达 10 亿元人民币。[1] 如果没有足够的资金支持，有多少初创型视频网站能够挺过这一"泥沼"，答案不言而喻。这样的高额成本负担，对于整个产业无疑是一个非常巨大的障碍和壁垒。

而传统电视台，也同样存在这一困境。以省级卫视为例，湖南卫视、上海卫视、江苏卫视等国内第一梯队省级卫视的荣耀与光芒，无法掩盖全国大多数省级卫视面临的困境。在中国的广播电视领域，省级卫视是广电网络落地费最主要的"贡献者"，同时也是我国广告行业最主要的投入和播放主体，是我国电视剧播放与分销的最为重要的战场。但就目前国内的省级电视台发展现状来看，除了湖南、上海、江苏、安徽等明星电视台在营收方面有着亮眼的表现外，其他省级卫视的大多数电视台都表现平平甚至举步维艰。对于省级卫视来说，广告收入是其主要的收入方式，而较高的广告收入则依赖于优质的有较大影响力的电视节目。但是对于大多数的二三线省级卫视来说，则很难制作出现象级的优质电视节目，资金和人力都是重要的限制因素。没有那些明星电视台雄厚的资本实力，很难轻松地拿出上亿元的资金去制作一档节目，也更缺乏对王牌制作团队的吸引力。培养一支成熟的电视节目制作团队，往往需要数年的、大量的投入，这对于大多数电视台来说都是难以完成的任务。

而对于其他互联网电视行业的企业，如电视盒子、智能电视等相关

---

1 中国网络视听产业论坛.BAT 布局视频网站，行业未来谁主沉浮［EB/OL］.（2016-3-11）［2016-5-22］. http://toutiao.com/a6259122777308840193/.

硬件的生产企业来说，除了大量的"山寨电视盒子"厂家一些短期套利的模式外，现在主要的"玩家"还是在领域内已经积累了资本、人才和渠道优势的几家，留给成长型小企业的空间极少。想要快速地扩张和成长，需要极为高昂的成本投入，但对于大多数的中小微互联网电视相关企业来说，融资投资并非易事，想要获得能够支撑自身健康发展的资金助力，难度很大。这些因素都使得中小微企业在互联网电视产业中发展的难度大幅增加。

二、盈利模式

就当前而言，我国的网络视频行业还缺乏科学有效的盈利模式，多数视频网站当前都处于亏损，或者巨额亏损的状态。例如，搜狐 2015 年第一季度的财报以超过 1.8 亿元人民币的净亏损额，说明其扭亏为盈的路还有不少的一段要走。再反观近年来在互联网视频上表现抢眼的爱奇艺，按百度整体营收计算，上半年亏损约 1.36 亿美元；而乐视作为行业中唯一盈利的企业，2015 年乐视的利润总额 9.6 亿元，但是据三季报显示，乐视 48.19% 的收入来源于终端业务收入。[1]

目前，我国视频网站的盈利主要是广告收入、版权分销、视频增值服务（会员收费）和其他收入（包括终端销售收入、游戏联运等），其中广告收入是视频网站收入的主要来源，占整体收入的六成左右。在通过获取用户关注且具有一定忠诚度较高的用户后，将获得的巨大流量资源为资本，进行广告售卖。这种流量广告一般是以品牌图形为内容，贴片、中插、暂停播放广告视频等手段在用户观看视频的过程中进行广告宣传，这也是目前大部分视频网站的主要收入渠道。"据 TechWeb 的相关数据显示，2014 年优酷、爱奇艺在全国多屏 CPM 广告的报价为 15 秒 30 元，换言之，

1　中国网络视听产业论坛.BAT 布局视频网站，行业未来谁主沉浮［EB/OL］.（2016-3-11）［2016-5-22］. http://toutiao.com/a6259122777308840193/.

就是广告商在视频播放过程中每播放 1000 次长达 15 秒钟的广告的价格为 30 元，诸如《爱情公寓 4》等热门剧的播放量能够超过 20 亿，广告收入非常可观"。[1] 除此之外，是网站会员费等收入，如通过可以免广告观看视频以及收看独家内容、抢先内容等，吸引用户注册高级会员并缴纳相关费用，或者单纯按照用户的视频观看时间或观看量进行收费。但目前，这类收入在整体互联网视频产业中占比还较少，虽然各大视频网站都在积极推动会员收费制度，但目前大部分的收入还是主要以流量广告为主，盈利方式较为单一。

而若想获得高额的广告收入，就必须有极具诱惑的用户流量，也就是各大视频的点击量、播放量对广告主有着较大的吸引力。这要求视频网站必须在视频内容上下工夫，受欢迎、高人气的视频内容对于视频网站的重要性不言而喻。最近几年来，视频网站不仅豪掷千金购买版权，也投入大量金钱人力制作原创节目。2013 年，爱奇艺以两亿元的打包价，承包了湖南卫视《快乐大本营》《天天向上》《百变大咖秀》《我们约会吧》以及大热的《爸爸去哪儿（第二季）》这五档节目的网络独播版权，并乘着《爸爸去哪儿（第二季）》的热播，推出多档相关的衍生亲子栏目，累积了不俗人气。而这两亿元的投入效果显然不错，《爸爸去哪儿（第二季）》的网络独播获得了约 1 亿元的网络冠名权，其他四档综艺节目也表现优异，在获得各大广告商网络冠名的同时，还为爱奇艺争取到了鸿星尔克对爱奇艺综艺频道 5000 万元的冠名费。

在媒介融合快速发展的今天，只有延伸和拓展盈利渠道才能够更好更快发展，在瞬息万变的互联网时代中快速升级换代，谋求长远发展。以乐视网为例，"乐视网摒弃了传统的免费分享模式，而将付费与免费形式相结合，不断发展多元的盈利模式，通过付费和免费模式相结合的方法（付费模式主要由影视剧线上发行收入、版权分销收入和企业会员服务费收入

---

[1] 肖芳.优酷土豆上半年持续亏损，视频网站距离盈利还有多远？［EB/OL］.(2014-8-22)［2015-12-25］.http://www.techweb.com.cn/internet/2014－08－22/2067536.shtml.

组成，免费模式主要由互联网广告收入和网游联合运营收入组成）不断创新，使得乐视网不再仅仅依靠传统的广告创收，转而朝着多元化盈利方向发展"。[1] 同时，爱奇艺的会员剧模式也日渐成熟，"会员抢先看"迅速成为全网流行词。随着《蜀山战纪剑侠传奇》《最好的我们》《太阳的后裔》《余罪》《我的朋友陈白露小姐》等 29 部会员剧的热播，爱奇艺 VIP 会员大剧模式日渐成熟，并实现规模化。

三、版权保护

版权保护，是中国改革开放的几十年来在文化行业始终面临的问题和挑战，而在互联网时代的电视行业发展的几年来，版权问题同样非常严峻。"在中国网络视听产业的发展历程中，'盗版'既是一个无需规避的原罪，又是一个阻碍行业走向健康发展的必须跨越的门槛"。[2]

近年来，我国在文化产业领域，尤其是针对电视或网络视频行业，推出了一系列的版权保护相关举措。在政策层面，各项版权保护法规与手段的出台犹如"护身符"和"保护伞"，为中国网络视频产业的健康发展起到了保驾护航的作用。在公共层面，版权保护意识得到了业界和网民的广泛认同。随着中国影视产业的不断发展升级以及网民观看需求的大幅提升，正版商业模式早已成为中国网络视频行业的主流。而国内主流视频网站付费点播平台的推出和对影视内容制作的投入，也使它们与传统影视公司一道成为网络视频产业新的利益共同体。[3]

从 2014 年 4 月开始，持续超过半年的"净化网络环境专项行动"，针

1　乐视网凭借"付费 免费"模式率先盈利［EB/OL］.（2012-12-15）［2015-12-22］. http://blog.sina.com.cn/s/blog_503d03f10102e85c.html.
2　2014 中国网络视听产业报告［EB/OL］.（2014-12-11）［2015-12-25］.http://www.dvbcn.com/2014/12/11-115039.html.
3　中国网络视频产业集体发声，阿里巴巴、爱奇艺等呼吁加强版权保护［EB/OL］.（2015-5-1）［2015-12-29］. http://news.mtime.com/2015/05/01/1542157.html.

对互联网视频网站的盗版问题大力整改，如"快播"等相关盗版严重的网络视频企业被关停，人人影视等涉及版权问题的网站也被关停。2015 年，国务院又发布了《深入实施国家知识产权战略行动计划（2014—2020 年）》的通知，明确要求加强对视听节目、文学、游戏网站和网络交易平台的版权监管，规范网络作品使用，严厉打击网络侵权盗版，优化网络监管技术手段。国家版权局也组建了版权重点监管工作组，启动了对重点影视作品的版权预警保护，提请工信部依法关闭涉嫌侵权盗版网站并列入黑名单。这些政府监管举措连同行业自律意识的发展，必将对"互联网+电视"行业的健康发展带来积极的影响。

网络视频盗版极为严重，在这一背景下，也开始逐步转变策略，直面版权问题。以知名的弹幕网站 A 站和 B 站为例，这类弹幕视频网站在成立之初，一直走在"盗链"的悬崖边上，各个板块内无确切版权归属的视频内容极为常见，甚至在已经具备可观用户流量和忠诚度的 2011 年左右，B 站也依然未能获得"视听许可证"这一对于本地视频服务极为重要的许可凭证。后期，随着 B 站用户规模的进一步增长和版权保护力度的加大，很多版权归属方的视频网站都要求 B 站撤除无版权视频作品，这使得 B 站被推上了版权保护的风口浪尖。在这样的形势下，B 站也开始重视版权方面的投入，于 2015 年斥资购买了部分日本动漫视频的原版版权，但是相对其他综艺等板块的内容，依然面临着较为敏感的版权问题需要解决。

总体而言，我国视听行业版权保护工作较过去取得了长足的进展，但相对于快速发展的行业现实来说，仍有很大的提升空间，从理念更新到政策法规的完善仍有很长的路要走。目前，互联网视频领域依然是知识产权盗版的重灾区。想要更好地解决版权这一问题，需要我们在完善法规制度的基础上，加强对于互联网时代电视行业的内容版权保护力度，为整个行业培育健康的发展环境，营造健康的电视版权生态。

四、用户培养

1. 付费习惯待培养

由于几十年来的电视收看费用极低,互联网时代的电视用户付费习惯仍有待培养。以数字电视为例,虽然目前在全国范围内开通数字电视的用户数量很大,但是就其付费电视的开通情况而言,整体比例较低,数字电视付费习惯在目前的中国用户中还未能够很好地推开。正如在前文所提到的,目前,各大视频网站的主要营收方式仍然是以流量为主的广告收入,"美国网络视频大体上存在三种盈利模式:广告主付费模式、按次付费和会员付费制。后两种模式在中国目前还无法复制。"[1]

来自腾讯的某调查结果表明,约 4/5 的用户在被询问是否有过为互联网视频网站付费的经历时选择了否,而余下的五分之一曾经有过付费行为的用户,主要花费在开通会员这一消费上,对于高价会费的承受力同样不高。也可以说,"电视是免费的"这一观念深入人心,引导大部分受众接受电视付费需要一个过程。随着国内用户生活水平的逐步提高,视频网站仍需在提高高端用户的会员体验方面下工夫,培养普通用户的付费习惯。

此外,引导用户选择优质、健康的节目或视频产品;让用户对于涉及盗版、色情、暴力等相关内容的节目和视频产品能够自觉举报,依靠个体力量完善互联网电视的健康环境;同时,还要注重培养用户的付费习惯,从过去习惯完全免费的心态进行转变,认可优质服务和优质内容的价值,为企业和主体的版权保护与服务创新打下良好的用户基础。

2. 用户监督意识待提高

健康洁净的互联网环境需要每个人共同维护,作为互联网视频的消费者,用户在自身视频消费的过程中,对于盗版等违法行为应该有着基本的

---

1 李卉.视频网站的美国经验[EB/OL].(2012-3-22)[2015-12-28].http://tech.hexun.com/2012-03-22/139620872.html.

辨别能力和监督意识。但是目前我国大多数的互联网视频用户对于相关的监管和举报意愿还不高，在面对盗版、色情、暴力等触及法律底线的内容时听之任之，尚无法做到从我做起，维护互联网电视的健康发展。

除此之外，互联网视频的海量生产与传播，还造成了泥沙俱下、鱼龙混杂的情况，信息的真伪也很难辨别。这也导致一些用户在遇到虚假信息，如一些容易造成群体性恐慌的视频时，不经辨别便传播出去，互联网的开放性与便利性造成这些视频以几何级数在人群中散播，造成大范围的负面传播效应，劣质信息在网络上发酵，这些均对互联网电视行业的健康环境造成了影响。

3. 用户原创内容（UGC）文化含量待提高

虽然 UGC 视频的诞生触发了"上传的革命"，受众开始有能力及意愿生产表达自己的节目并上传到网络，然而，"在整体互联网电视行业中，大部分人充当的仅仅是被动受众的角色，只有少部分人会变身原创作者，上传用户生成内容。即便是国际 UGC 视频网站的先驱 YouTube，真正将自己的视频内容上传的人所占的比例不到 0.5%。虽然产生了一些较为优质的作品，但总体而言，多数内容的文化含量和文化创新度有待提高"。[1] 有人说，UGC 模式已经被"玩坏"，用户生产的内容质量参差不齐，大量灌水、色情、广告、低质量用户自制内容充斥着网络，然而对视频平台和绝大部分受众来说，这些内容都是无价值、无意义的。

UGC 的文化意义毋庸置疑，它作为今天网络文化的重要构成，对大众文化发展的意义是显而易见的。然而当普通大众的 UGC 文化在价值观和文化价值上出现偏差的时候，对于整体互联网视频行业可能都有一定的负面影响。因此，也有业内人士提出，在众声喧哗的自媒体时代，UGC 的文化含量需要在媒体专业主义的影响下不断提高，同时，随着更大范围的受众参与，相互辨析与纠偏，最终使得 UGC 的专业程度和文化含量提升，更多的自媒体朝着 PGC（专业生产内容）的方向发展。

---

1 江凌，盛佳怡. 上海市网络视听产业治理结构优化分析 [J]. 汉江学术，2015（1）.

第二节　革新电视创作理念

未来电视发展的关键在于创作理念的革新，时代在变，受众的需求也在发生变化。互联网思维融入了我们生活中的方方面面，观众越来越看重自己选择的权利。不仅如此，电视创作者也在要求更大限度的自由与空间。从这个角度来说，未来电视之于观众是更加个性化的定制产品，而对于电视节目创作者来说是行业壁垒的打破，人才、资金和资源的合理流动。

一、用户思维：我的电视我做主

互联网思维的核心是用户思维，传统电视虽然也提出了"以用户为中心"的说法，但用户看什么，听什么却由电视台说了算。用户需要什么样的产品和服务？简单、精致、新颖，这与互联网思维中的简约思维、极致思维和迭代思维是极其吻合的。虽然在互联网的时代背景下，实现简单、精致、新颖的手段和方式发生了重大变化，这些变化又可以在流变的数据与互动中加以研究、发现和反推，而流量思维、社会化思维和大数据思维足以帮助我们完成这样的过程。[1] 无论时代的变化多么迅捷，"用户是上帝"

1　郑维东.互联网思维里的电视[J].广告大观（综合版），2014(10).

的思维理念始终是互联网时代的核心理念。

今天，人们的消费形式也发生了极大的变化，不再是一味的"电视播什么我看什么"的被动文化消费，取而代之的是"我看的内容都是我自主选择的结果"，只有基于消费者选择基础的内容产品才能够得到消费者自身的认可和青睐。无论是传统电视，还是数字电视，抑或是互联网电视，其受众都会经历从被动接受内容到半被动接受内容，再到主动自由选择内容的过程。[1] 同奈飞网、YouTube、葫芦网、谷歌、苹果等企业一样，国内许多与持有牌照的集成播控平台合作的互联网电视公司都在积极建设自己不断延伸的"传输—业务—内容"的产业链，不断健全并完善电视内容的制作和推送业务。[2]

未来的互联网电视为用户提供了最大的信息自由，用户可以根据需要自由选择，据《中国互联网电视发展白皮书》数据显示，在互联网电视用户中，主动点播电影的用户占到了所有互联网电视用户的80.6%，点播电视剧的用户占到了所有互联网电视用户的38.8%。[3] 与传统电视按照时段分人群有所不同，互联网电视依托大数据技术，可以实现按照优众的内容偏好图谱进行人群的划分，比如欧美控、综艺派、电影狂、哈韩粉、体育迷、亲子族等，在未来还会根据受众的偏好产生更多不同特质的人群。[4] 互联网电视通过对用户兴趣进行的分析和研究，为用户提供精选的符合需求的内容，在最大限度上完善用户的观看体验。

2015年央视春节联欢晚会的"摇一摇，摇晚会"，释放了一个用户参与的互动信号，在未来，电视机是一种文化消费工具，更是一种融入了更多的参与色彩社交元素的新型社交工具。

---

1 一天卖10万台电视，乐视都用了哪些大招？［EB/OL］.（2014-10-10）［2015-11-22］. http://www.vccoo.com/v/3f2dbe.
2 刘逸帆.中国互联网电视产业现状、问题与对策［J］.传媒，2014（12）.
3 肖明超.互联网电视白皮书：6大趋势正在袭来［J］.时代经贸，2014（9）.
4 肖明超.互联网电视白皮书：6大趋势正在袭来［J］.时代经贸，2014（9）.

未来，电视机中播放的电视剧剧本的故事更改可能来源于我们身边人的真实经历，剧中人物命运的走势可能正是上周电视剧播出后大数据结果主导的，我们对电视剧的雷点和槽点，笑点和泪点可能这一秒还在脑海中闪烁，下一秒就已经出现在了编剧的工作计划里。而热播的综艺节目则极有可能是通过大数据分析和众筹创作出来的，节目模式是由三五个观众共同设计出来的，明星选择是基于大众投票得出的结果，每一个参与其中的人都有机会获得节目拍摄探班权、节目营收分红权等。这一切都使得未来的互联网电视内容具有更大的吸引力。

此外，电视广告在互联网时代将被重新定义，广告形式进一步丰富、细分受众人群愈加精准。互联网电视广告与传统电视广告相比，最大的优势是广告的个性化和定制化，既能有针对性地为受众提供信息，也能让广告主选择特定的地理区域投放广告，与此同时还可以将广告内容匹配场景广告使用，而场景带给消费者的是真实感、代入感、参与感与信赖感。[1]互联网电视能够通过相对个性化的智能推荐手段，在实现了影视内容智能推送给目标受众的同时，还能够进行与影视内容高度匹配的产品场景化营销，譬如，人们在观看旅游节目的时候，可以通过植入与目的地相关的广告，比如汽车广告、酒店广告、餐厅广告、演出广告等。

二、资源流动打破行业壁垒

在我们可以预见的未来几年内，传统电视行业、互联网行业、网络视频行业之间的人才流动将会更加频繁。传统的电视台、电台走下神坛，"皇帝的女儿不愁嫁"的风光局面已经成为历史，原有的体制优势逐渐丧失，更多的资金、人才、设备资源将通过市场的作用涌入新兴的互联网企业中。从另一个角度来说，体制内的精英人才也在重新定位自身，寻找新的舞台

---

[1] 肖明超.互联网电视白皮书：6大趋势正在袭来[J].时代经贸，2014（9）.

和机遇，充分发挥自身特有的才华，创作出更多的高品质的影视节目作品。现有的行业壁垒被打破之后，各行业内原有资源配置能够借此机会重新优化组合。对互联网电视内容制作者来说，未来的互联网电视能够提供给他们的是做自己想做的内容产品的机会。专业经验丰富的内容产品生产者们对市场有着精准的判断力，他们倾力打造出现象级的互联网电视节目。

1. 爱奇艺的《晓说》时代

互联网平台为才华横溢的电视人提供了更为宽广的舞台。曾几何时，体制内的电视台、广播电台是电视精英孜孜以求的栖身之所，在这里，他们可以施展自己的专业技能，实现自己的价值，让脑海中的创作理念落地生根，与此同时，他们还能享受到更为优越的待遇以及社会的尊重，传统电视平台创作的节目也更容易获得来自专业领域的认可和赞誉。但近几年来，媒体环境的转变，传统电视创作者受到越来越多的束缚，节目的选题、策划、制作、审核都受到重重制约，也使得一部分电视人逐渐丧失了最初的生机与活力。这时，互联网电视企业敢为天下先，打破常规，制作出不拘一格的节目，吸引了上亿观众的注意力，也让许多电视精英感受到了强烈的吸引和向往。

视频门户网站爱奇艺也在这时迎来了它的黄金时代。其推出的现象级网络脱口秀类节目《晓松奇谈》是深受年轻人喜欢的谈话节目，成为早期网络综艺节目中的里程碑式作品。这档火暴的脱口秀类节目涉及的话题有历史、政治、人文、艺术等领域，主持人高晓松既有名门之后的显赫身世，又自戴音乐人、影视创作者的明星光环，同时也非常擅长以个性的方式将原本严肃的内容娓娓道来。节目形式简洁，通过30分钟的述说原原本本地呈现出高晓松的个性观点，也可以说这是一个为高晓松量身定制的节目，"带有高晓松式的风格"，也同时非常的互联网化。

没有《晓松奇谈》的爱奇艺或许不会拥有如今的庞大受众基础，因为它契合了年轻人的趣味，将远离大众的人文知识、枯燥的政治事件、秘而不宣的历史往事以极为戏剧化、富于人情味的方式呈现出来，它既是高晓松个人化情怀、思想、观点的一次完全的展现，又引起了互联网上无数知识分子的情感共鸣，充分地展现了互联网节目的开放性和自由精神。而传统的电视台是很难诞生或者接纳一档这样的节目的。

2. 卫视总监的华丽转身

传统电视台的红海战略，似乎难以继续挽留有梦想的电视人。浙江卫视总监夏陈安的离职，也给业界带来了不小的震动。离开了"体制"转投互联网内容制作的夏陈安认为："科技的发展与硬件的进步为'泛传媒'时代的到来提供基础，碎片化的生活方式将重新定义未来媒体发展的趋势，而在这个过程中，网络视频必将焕发出巨大的生命力，为新节目模式的研发提供广阔的平台。"[1]

我们有理由相信，一大批这样的怀揣梦想的电视人，带着经验和资源，在未来的几年中，经过孜孜不倦的努力，会让更多现象级的电视节目出现在我们的视野中。

3. 小米科技吹响内容生产的前奏

互联网企业也对内容生产情有独钟。小米科技为新任副总裁陈彤准备的10亿美元"见面礼"的第一笔去处，是投向位于门户视频网站第一梯队的爱奇艺和优酷土豆两家网站，其中3亿美金入股爱奇艺的大动作不难证明互联网企业对于内容生产的重视程度。[2] 小米科技的明星产品——小米盒子在刚刚推出时，曾因内容牌照问题被国家广播电影电视总局紧急叫停，此后找到牌照方CNTV傍身才"起死回生"。[3] 一波三折的小米盒子让小米科技深深地认识到内容生产的重要性。现阶段，各大视频网站已经基本确立"江湖地位"，相关部门一再下发规范性文件，对互联网电视盒子严格监管，小米科技打造的完整智能家居生态系统如果没有一线视频网站

---

[1] 王珏. "互联网+"给电视带来了什么？[N]. 人民日报, 2015-5-14.
[2] 刘佳. 小米最大一笔投资为何给了爱奇艺[EB/OL].（2014-11-11）[2015-12-29]. http://blog.sina.com.cn/s/blog_b8eb45bd0102vnqi.html.
[3] 刘佳. 小米最大一笔投资为何给了爱奇艺[EB/OL].（2014-11-11）[2015-12-29]. http://blog.sina.com.cn/s/blog_b8eb45bd0102vnqi.html.

提供内容，就很难继续前进步伐。因此，小米科技进军内容生产领域是必然举措，也是适应互联网时代增强自身力量、顺势而为的必然选择，内容生产关乎生死存亡，这也是未来"互联网+电视"融合发展的既定方向。

第三节　科技带来不一样的新体验

互联网电视的发展离不开科学技术的助力，无论是全息投影技术，还是智能光阀技术，或者说能源转化技术，都是为了能够方便人们的生活，给人们带来不一样的新体验，互联网时代背景下，科技的更迭更是以我们难以想象的速度在改变人们的日常生活。对于电视来说，科技不仅能够拓展电视的功能，让电视变得更加智能化，还可以改变电视的存在形态，使电视成为更加炫酷的电子产品。

一、你的生活，电视把关

今天，互联网电视的发展，已使一批年轻观众和新富阶层重新回归客厅。2014年的互联网电视数据表明，互联网电视受众中，18—34岁人群占据了53.8%，高知、高职的精英化特征更加突出，企业管理人员、企业白领、专业技术人员、政府和事业单位的人员比例极高；互联网电视受众的平均个人月收入达6388.22元，是传统电视受众收入的1.8倍之多。[1]互联网之所以能够吸引到优众用户回归客厅，主要依托于两点：内容和服

---

[1] 肖明超.互联网电视白皮书：6大趋势正在袭来[J].时代经贸，2014（9）.

务。因此，提升用户体验，精选优质内容是提升优众用户的不二之选，同时也是吸引新的用户群体的必由之路。

互联网电视能够让受众在享受精彩视听内容的过程中回归生活主位，互联网电视相比 PC 互联网视频和移动客户端互联网视频的个性化和局促感，更加符合家庭生活空间的温馨、放松和舒适的场景，家庭的分享和亲情文化依托于新的互联网电视终端，从而形成用户黏性。[1]未来互联网电视在内容生产上应当致力于创作符合家庭生活氛围的作品，以亲情为主要创作思路，力求创作出更多备受家庭欢迎的影视作品，最终提升用户的忠诚度。

此外，随着硬件设备的普及快速地提升了生活中的每一个细节，各行各业都在被互联网和移动互联网所颠覆，物联网已经成为未来发展的必由之路，因此，电视作为智慧家居的物质基础已经具备。电视除了娱乐休闲功能之外，还能拓展出哪些功能，也成为人们对电视最大的想象空间。

例如，互联网电视是实现智能家居的最好工具，它可以融电子商务、日常通信、家庭服务、安全监控等于一身，成为家庭信息综合服务平台，与此同时，互联网电视将逐渐使信息显示和信息处理融为一体，成为功能强大的信息处理中心。[2]毋庸置疑，家庭信息服务平台的终端处理器是智能家居的核心组成部分，人们多年以来所希冀的"身在千里之外，遥控家中一切"的场景在未来的几年内将一步步变为现实。作为家庭信息服务平台的电视机，或许能在哪些方面给我们带来意外的惊喜呢？

我们可以想象这样一幕场景：人们上班前在互联网电视中缓存刚刚更新的电视剧，将数据传入移动终端设备，方便在路途中继续追剧。同时，电视机通过用户平时的上网数据和观影数据分析出观影爱好与需求，经过影视数据库的分析结果，推荐并缓存最适合其偏好的电影作品，推荐观影

---

1 肖明超.互联网电视白皮书：6 大趋势正在袭来[J].时代经贸，2014（9）.
2 刘逸帆.中国互联网电视产业现状、问题与对策[J].传媒，2014（12）.

最便捷的影院，支持在线选座并支付，下班以后根据信息提示，可以直接去影院观影。

电视还会给人们营造三维影像购物新体验。如今，物质的极大丰富催生了全球令人叹为观止的强大购买力，各种购物网站、团购网站、外卖网站你方唱罢我方登场，互联网购物已成为日常生活中必不可少的行为之一。未来电视会植入 3D 投影技术，即将喜爱的衣服或者鞋子的全部数据输入到电视机中，电视机根据自身数据库进行匹配，通过 3D 技术，将家庭成员穿上这件衣服或者鞋子的三维影像呈现在电视屏幕上，买家根据三维效果决定是否购买这件衣服或者鞋子。

还有很多人预测电视甚至可能成为家庭生活新管家。有了电视的助力之后，家政服务可以全面升级，电视机能够轻松使得所有家政服务一站式实现。只需在电视机中输入未来一周的活动计划，电视机会根据计划帮助主人搭配一周内需要的衣服、配饰、鞋子，并且将每一件衣服是否需要清洗、每一件配饰是否需要打理、每一双鞋子是否需要保养的信息全部呈现在电视系统中，如果在这周内安排了家庭聚餐，那么电视机可以根据参与聚会人员的饮食习惯和身体健康状况制定 3—5 套餐谱以供选择，然后将这一系列的信息打包传输给线上家政服务公司，而线上家政公司在接收信息以后的第一时间根据客户需求进行合理的时间分配，安排鞋服清洗、餐品原材料购买和卫生打扫工作，特别是为上班族们带来了高品质的生活和极大的生活便利性。

或许未来的电视不会从人们视野中消失，反而会继续作为家庭生活不可缺少的电子产品之一。它不仅仅是家庭信息服务平台，还能够进一步发展成为综合信息处理中心。依靠物联网和大数据技术的发展，电视机通过对家庭各个成员数据和信息的采集，包括收入水平、消费水平、健康状况、信用情况、出行情况等，进行深度的数据解析，进而做出最准确的判断，方便家庭成员的日常生活。

二、大道至简的硬件演变

电视机自诞生之日起至今，其物理形态经历了诸多演变。未来互联网时代的电视依托的硬件形态会是什么呢？电视节目或许能在手表上播放，或许会在眼镜上播放，也有可能会在天花板上播放，说不定还可以在玻璃上播放，甚至有人预测会发展为无屏幕播放。在科技高速进步的未来，一切皆有可能。

1. 是玻璃，也是电视

未来互联网电视硬件产品的发展只需遵循一个理念，那就是"把原材料变得智能"。我们可以大胆想象：家里任何一块玻璃都可以是互联网电视的显示屏，通过液晶控制技术就可以轻松实现。想看窗外的风景时，它是一块普通的玻璃，切换到电视收看时，它就是一块互联网电视的屏幕。科技改变生活，也许只需一块玻璃屏幕。

让窗户变成智能显示器，听上去确实有些匪夷所思，但是来自韩国国立釜山大学的研究人员就在这一领域里取得了技术突破，他们研究出的智能光阀能够在显示器和透明玻璃之间进行自如的转换，且速度非常快。这种光阀是液晶材质的，它能够在透明状态和不透明状态之间进行自由转换，并且转换速度极快。在完全关闭的状态下，显示屏是完全透明的，接通电源打开以后，它们就会变成不透明的介质，在透明与不透明转换的过程中，影像的清晰度或者说画质的质量是完全不受影响的，并且，由于玻璃屏幕一般情况下可以既是玻璃又是屏幕，所以极有可能实现利用太阳能、风能实现屏幕自身能源的转化。目前，科研人员希望能对这种智能窗户做出改进，使其只在两种不同状态相互转化的过程中耗电，而其他状态时则丝毫不会耗用能源，从而为我们带来一种真正务实的高科技显示屏。[1]

---

[1] 深水之下，让窗户变成智能显示器智能光阀近期问世［EB/OL］.（2015-5-10）［2015-12-29］.http://wearable.yesky.com/470/63093970.shtml.

2. 未来的电视还需要盒子吗

未来互联网电视还需要电视盒子吗？据预测，OTT 电视盒子不过是一个没有未来的过客。它就像在过去十年"模转数、单向变双向、标清升高清"年代所存在的有线数字电视机顶盒一样，只是特定时代发展的过渡产品而已。[1] OTT 电视盒子与其他电子产品一样，有着固定的生命发展周期，未来的几年，OTT 电视盒子可能会部分取代有线数字电视机顶盒，但从更长远的时间来看，OTT 电视盒子也无法一劳永逸。OTT 电视盒子的发展取决于产业的成熟度，即对机顶盒的操控能否得到革命性的变化，智能家居市场会不会全面拓展等。[2]

不仅仅是 OTT 电视盒子，现在的电视棒、智能电视等层出不穷的本地数据存储设备在未来有可能会慢慢演化成为一块小之又小的存储卡，嵌入电视显示屏，或者所有的数据仅仅存储、备份在云端，只要在显示设备上接入互联网就可以完全替代现有的各种盒子、影视棒、电脑、智能电视机。互联网电视的发展趋势越来越朝着大道至简的方向演化，为我们的文化生活带来惊喜，带来新体验。

3. 电视也能私人定制

未来互联网电视的另一个特色是"个性化电视"。硬件定制的个性化旨在关注产品性能及用户体验感受的提升，众多参与者的加入，使得电视企业在行业竞争中，更注重自身产品的性能优化及用户体验感受的提升上。例如近两年兴起的体感游戏，是指用身体去感受的电子游戏，是一种通过肢体动作变化来操作的新型游戏。目前，体感游戏做得比较好的电视平台有康佳 D 系列云智能电视平台，创维 E 系列智能电视，海信 XT 系列智能电视，长虹 A 系列智能电视。体感游戏的植入，使得电视机不再是单一功能，而是一种多功能娱乐设备。值得注意的是，现阶段的

---

[1] 于光媚. OTT 盒子登堂入室引爆客厅入口之争 [J]. 通信世界，2014-3-15.

[2] 于光媚. OTT 盒子登堂入室引爆客厅入口之争 [J]. 通信世界，2014-3-15.

体感游戏仅仅停留在智能电视这个平台上嵌入某个游戏软件，最终实现人机互动，这并不是真正的互联网思维下的个性化定制，而是互联网电视人机互动的初级阶段。在未来的10年中，随着各种技术的跨越式发展，更多互动技术的革新，互联网电视的产品性能和用户体验会得到显著的提升。譬如，将自己的健身需求输入互联网电视中，互联网电视通过数据解析，为用户提供3—5个最适宜的健身方案，健身过程的枯燥无聊完全可以由全息投影技术来解决，用户可以选择借助特殊设备在自己喜欢的场景中进行运动健身。

第四节　平台之上，深度互动

现阶段，互联网电视与硬件电视厂商、内容生产平台、内容播放平台、互联网企业等开始各种程度的融合并购，业界融合已成常态。苏宁、京东等电商进入电视硬件设备生产领域，TCL、创维、康佳等生产商与乐视、爱奇艺等视频网站合作，共同开发抢占互联网电视的新市场，未来各领域间的门槛和壁垒将进一步趋向消融。

一、通过内容广告实现互动链接

观众在观看电视节目（无论是电视广告时段，还是在通常的电视剧、电影、综艺节目、动画片、纪录片、教育片等各种内容）时，可以立即从手机、平板电脑、电视机、笔记本等多互联网终端设备上获取电视屏幕中显示的产品和服务的信息。广告方通过观众的选择性行为为电视观众提供一系列后续服务（比如优惠券、购物时间提醒、经销商联系方式等后续行动），而观众满意即可即时消费，不满意则可以选择其他产品，放弃本次消费行为，节省了观众的购物时间。通过内容广告互动链接，能够实现观众和广告商、销售商三个群体的互联互通，销售商能够从广告商反馈回来的数据中分析出该阶段消费者的消费偏好和需求，进而调整产品策略和市场策略。

二、"硬广+软广+事件"延长路径

多屏时代，硬广植入将依然延续其曾有的辉煌，而互联网电视软广则具有硬广难以比拟的品牌渗透力、高性价比和线上线下的双向深度互动等优势，有了软广的配合，单刀直入的硬广宣传似乎显得不那么突兀了，更加适合当下追求"用户体验至上"的时代。互联网电视软广并不是把商业元素简单的"嵌入"节目中，而是将品牌的功能、精神、形象与节目内容进行巧妙链接与融合，相对于硬广在实际操作中更具复杂性。[1] 软广与硬广配合宣传，必要时可以通过事件营销来助推广告宣传索效果呈现的速度、广度与深度。反过来事件的影响力又可以使硬广与软广的宣传效果进一步加深。因此，未来"硬广+软广+事件"模式将会成为广告的主流模式。

三、互动场景+扫码+"摇一摇"

2015年的羊年春晚，微信"摇一摇"互动次数高达110亿次，互动峰值达到8.1亿次/分钟，震撼了全国！"摇一摇"的方法很简单：微信用户打开"摇一摇"页面，在特定的时间里摇到场景应用，点击摇到的信息，便得到抵用券或是真金白银的红包。

这说明，场景时代已经到来，它包含三种主要的方式，第一为"摇一摇"，就像盒子里的巧克力一样，你永远不知道下一块巧克力的味道，同样，在"摇一摇"之前，你永远不知道自己会摇出什么信息；第二为二维码迷宫里的扫一扫，为扫一扫而生的二维码成为O2O的中间力量，构建了

---

[1] 金永，游涛.电视软广是"绊脚石"还是"垫脚石"——"颠覆+创新"转变传统思维[J].电视研究，2015（2）.

各种各样的互联网场景，连接线上线下，有了二维码扫码、社交关系链、用户沉淀内容、收藏三者顺其自然地联系在了一起，商品自此成为微信中一种新的消息类型，也实现了病毒式传播的效果；第三为"搜一搜"，它实现了与近距离陌生人的交际，同一地点的陌生人可以成为朋友，由此产生交集，发生更多的现实交际场景，由此带来惊喜的体验。互动场景＋扫码＋"摇一摇"，也成为构建未来互联网时代电视互动的三大主力场景。

四、开发 FansTV

粉丝经济无疑是当下最火暴的经济模式，其涵盖的范围十分广泛，除了显而易见的比赛门票收入、媒体转播权利金、广告收入与运动明星代言的商品之外，还有许多直接与间接的衍生商机。[1]

未来互联网电视的发展离不开粉丝经济的支持。以苹果为例，坐拥数以千万计的果粉，从 iPod 到 iPad，从 iPhone 到 iMac，从 iWatch 到 Apple TV，一个合格的果粉可能需要拥有上述全套设备。同样，国产品牌小米也有大量的米粉，从小米手机到小米平板，从小米盒子到小米电视，从小米手环到小米体重秤，从小米空气净化器到小米相机，不断追随小米产品的步伐，是小米发烧友的必备条件。从这个角度来说，品牌与粉丝是相互依存的，粉丝越多，品牌的基础就越坚实，而品牌的魅力越大，粉丝的数量就会病毒式飙升。

未来互联网时代的电视将会延续粉丝经济的模式，无论是内容、平台还是硬件，粉丝的追随变成了一项至关重要的核心要素。因此，从企业生存的角度来讲，传统电视机行业来牵手联合互联网视频行业，通过内容优势吸引自身受众群体，通过对用户忠诚度的培养，一步步搭建起自身的品牌优势，进而拓展粉丝经济，开发 FansTV，也是未来互联网时代电视的路

---

1 郭特利．从"粉丝经济"中分一杯羹［J］．新营销，2012（8）．

径之一。

　　未来的电视是什么样，或许每个人的脑海中都有自己的想象。电视机或许会越来越像电脑，就像小米科技刚刚发布的分体式电视机，将电视机的屏幕和主机分开，方便未来产品的升级换代，这与台式电脑有着异曲同工之妙。又或许，电视机屏幕可以变得更加"随意"，就像 LG 此前研发的可折叠电视机屏幕，这种屏幕在曲面或者其他非平面空间都可以实现用户对电视机的观看需求。[1] 又或许，未来所有的电视显示屏都是可触摸的，点击某个场景、某个地点、某个人物、某个物品，就可以链接到相关产品信息的页面，正如不久前，Cinematique 推出的可触摸视频技术，人们再也不用掏出手机去搜索刚刚看到的女演员和她的手包了，只需轻轻一点，屏幕就可以告诉你这位演员的信息以及手包的价格、售卖门店、材质、品牌等信息。[2] 科技的发展让我们的生活更加丰富多彩，互联网实现了我们足不出户却能洞悉天下事的梦想，未来的"互联网＋电视"的发展，不会仅仅停留在电视机物理形态的变革上，它会贯穿于"互联网＋电视"产业链的每一个环节。我们期待未来，当大众回归客厅，互联网与传统电视优势互补，共赢发展，在变革与迁徙中构建大众文化生活中的视听新世界。

---

[1] 传 LG 正在开发可折叠电视可以像纸一样随便叠［EB/OL］.（2015-9-18）［2015-12-29］. http://tech.qq.com/a/20150918/013776.htm.
[2] 盘点：2015 视频界 10 大最佳创新公司［EB/OL］.（2015-6-9）［2015-12-29］.http://mp.weixin.qq.com/s?__biz=MjM5Nzk0NzA5Mg==&mid=209917665&idx=3&sn=9a82a111fcd1129b6b18f4613ccdbc74&scene=1&from=groupmessage&isAppinstalled=0#rd.

主要参考资料

[1] 陈磊. 西方培养理论及其在中国的传播[J]. 中国广播电视学刊, 2012（4）.

[2] 崔勇. 媒介融合语境中电视新闻节目的整合与创新[D]. 金华：浙江师范大学, 2014.

[3] 郭红庆. 自媒体化网络广播电台"云传播"机制研究[D]. 重庆：西南大学, 2014.

[4] 黄京华. 联动——技术畅想未来[J]. 中国广播电视学刊, 2012(4).

[5] 黄学平. 创新——无限想象空间[J]. 声屏世界·广告人, 2014(6).

[6] 李九泽. 多屏时代电视与网络视频的竞合之路[J]. 西部广播电视, 2015（13）.

[7] 李逸群. 三网融合时代：多屏融合激发视频网站的跨屏联动营销[J]. 新西部, 2014（20）.

[8] 联动——技术畅想未来[J]. 成功营销, 2013（7）.

[9] 刘峰. 大数据时代的电视媒体营销研究——基于网络整合营销4I原则的视角[D]. 上海：华东师范大学, 2014.

[10] 栾轶玫. 与"鼠标土豆"共舞——多屏时代传统广电新思维[J].

视听界，2013（6）.

[11] 麻震敏，李欣. 视屏合一：优酷土豆多屏营销战略升级［J］. 成功营销，2013（7）.

[12] 浅析"自媒体时代"的广播发展［J］. 声屏世界·广告人，2013（8）.

[13] 投资独行客. 多屏互动时代来临［J］. 成功营销，2013（7）.

[14] 汪文斌. 从"一云多屏"到"多屏互动"［J］. 中国广播，2015（1）.

[15] 晓睿. 三网融合时代：多屏融合激发视频网站的跨屏联动营销［J］. 中外企业文化，2014（9）.

[16] 新华社. 多屏互动时代的受众分析［J］. 青年记者，2013（3）.

[17] 亦不凡. 奔着"跨屏"而来［N］. 经济日报，2013-7-10.

[18] 袁珏明. 多屏时代，如何做好营销这盘"菜"？［EB/OL］.（2014-4-29）［2015-12-22］. http://www.meihua.info/a/37381.

[19] 源创世纪. 多屏互动技术：智能手机、智能平板、电脑、TV相互兼容跨越操作［EB/OL］.（2013-10-26）［2015-12-28］. http://www.cnjuco.com/about/inews/2013/1026/728.html.

[20] 张红玲. 多屏时代的受众重构与传播形态研究［J］. 新闻爱好者，2014（4）.

[21] 张锐. 古永锵：视频空间的"老男孩"［J］. 对外经贸实务，2014（8）.

[22] 张锐. 新读图时代：图解手机使用习惯［J］. 对外经贸实务，2014（8）.

[23] 张晏佳. 多屏整合，挖掘碎片化时代下的营销价值［J］. 中国广告，2013（11）.

[24] 赵文艳. 引领视频行业迈入多屏时代优酷土豆集团发布多屏战略［J］. 声屏世界·广告人，2013（8）.

［25］中国数字视听网.多屏时代的受众重构与传播形态研究［EB/OL］.（2014-4-24）［2015-12-28］.http://www.itavcn.com/news/201404/20140424/47460.shtml.

［26］中国站长站.视频营销可以这么玩之三星MEGA"三屏环时""三屏全时"联投［EB/OL］.（2013-10-16）［2015-12-28］.http://www.chinaz.com/news/2013/1016/322406.shtml.

［27］周勇."多屏互动"实现方式攻略［N］.南方日报，2013-8-1.

［28］朱琳琳.古永锵:视频空间的"老男孩"［J］.记者摇篮，2015(2).

后 记

我在电视"飞入寻常百姓家"的年代出生,记忆中那个多彩的"窗口",相伴度过了童年和少年的很多时光。大学进入北京广播学院后,学习、研究电视产业近二十载,见证了中国电视产业成长与辉煌的时代,也迎来了电视业面临巨大挑战与发展的时期。席卷而来的互联网浪潮,给予我们每个人强烈的感知:信息传播的变革随着科技的进步而来,又必将反过来深刻影响着人类社会。着眼于互联网时代的电视研究,不仅是从一个重要的侧面解读电视,也包含对这个时代、社会生活、价值观等各个层面的剖析。

本书的写作历时半年多,经过多次学术研讨、资料汇集、专题调研,数易其稿完成。在此期间,中国传媒大学文化发展研究院、播音主持艺术学院的多名研究生参与了本书的编写工作,付出了辛勤的劳动和心血。王杰、张宜帆、周诗云、王乐阳、朱笑乐参与了主体章节的资料收集与写作,曹清芮参与了第三、四、五、七章的修订工作,张佳鑫参与了第四章的修订工作。周诗云协助我做了全书稿的修改及校对工作。

感谢中国传媒大学文化发展研究院范周院长及各位老师、同事在本书的大纲构思、策划阶段给予了诸多真知灼见;感谢我的硕士、博士导师、在中国电视理论领域耕耘几十载的泰斗张凤铸先生,多年来一直鼓励和鞭策我潜心电视研究；感谢知识产权出版社"来出书"平台总监唐学贵、责任编辑李婧，是你们的坚持和辛勤劳动，让本书最终得以顺利出版；感谢研究生周诗云一直以来以高度的责任心协助我的工作。同时，本书还参考了"互联网+"与电视这一领域已经公开发表的一些研究成果，在此也对前人的努力一并表示感谢。

时代瞬息万变，科技日新月异。它们每一点微小的进步，最终都汇聚、推动着这个世界令人惊叹的变革。对我们这一代人来说，这是一种亲历的殊荣，也是一种深重的责任，它总在促使我们去思考、去探索，并做出解读与回应。囿于写作时间和认知水平，本书还存在很多遗憾和不足，也有很多尚未觉察的疏漏与谬误，在此恳请广大读者批评指正。谢谢！

2016 年 8 月